U0883060

教授带你博物旅行

从尼泊尔到菲律宾

作者名单：

张树义　张中尧　黄馨颖　俞辰悦　杨蕴涵　皮立声　季鑫泽

赵晨旭　李厚德　段旻希　肖辰熙　张杰夫　许心仪　葛思卿

莫晓沨　金泽凯　秦企萱　张紫涵　章叶妍　吴嘉逸　张瀚文

王礼强　章卫国　黄仁普　方红曼　王　姝　张宗亮　张所浩

周桂蓉　王　喆

海洋出版社

北　京

图书在版编目(CIP)数据

从尼泊尔到菲律宾/张树义等著. —北京：海洋出版社，2018.8

（教授带你博物旅行）

ISBN 978-7-5210-0145-7

Ⅰ.①从… Ⅱ.①张… Ⅲ. ①游记－尼泊尔②游记－三亚③游记－菲律宾 Ⅳ.

①K935.59②K928.966.3

中国版本图书馆CIP数据核字（2018）第165170号

教授带你博物旅行

从尼泊尔到菲律宾

总 策 划：刘　斌

责任编辑：刘　斌

责任校对：肖新民

责任印制：赵麟苏

排　　版：申　彪

出版发行：海洋出版社

地　　址：北京市海淀区大慧寺路8号 (716房间)

100081

经　　销：新华书店

技术支持：(010) 62100055

发 行 部：(010) 62174379 (传真)　(010) 62132549

(010) 68038093 (邮购)　(010) 62100077

网　　址：www.oceanpress.com.cn

承　　印：北京朝阳印刷厂有限责任公司

版　　次：2018年8月第1版

2018年8月第1次印刷

开　　本：787mm × 1092mm　1/16

印　　张：14.25

字　　数：177千字

印　　数：1～3000册

定　　价：68.00元

本书如有印装质量问题可与发行部调换

前　言

过去的几年，我曾经带队三次去北极、两次去亚马孙上游、三次去东非大裂谷，做科考与摄影之旅。付出的，是努力；收获的，是游历名山大川和观察野生动物的快乐。同时，我还带领团队成员一起出版了《行走北极》《走进亚马孙》《从马赛马拉到塞伦盖蒂》等书籍。

以上这些科考活动，基本上是在距离较远的地区，而中国近邻的尼泊尔，是一个我一直想去但还没能抽出时间造访的国家。去尼泊尔旅行，可以找出诸多的原因：山地国家，北边是世界屋脊喜马拉雅山；宗教圣地，佛祖的出生地和佛教的发源地。但我的好奇心主要来自很多去尼泊尔旅行的人都说：这是一个贫穷但幸福的国家。我对此说法感到好奇。走过尼泊尔，我似乎理解了一些，也找到些许答案。

去菲律宾，则是另外的缘故。我过去旅行的目的地国家，大多是在陆地，对海洋了解得相对少。菲律宾是一个多民族群岛国家，不少岛屿有淳朴的天然风光，还没有过度商业化的大开发，而且最近跟中国的关系日趋友善，正是旅行的好时机。旅行之后的印象是：菲律宾人善良，风景秀美，不虚此行。

至于本人的带队出行，我自认为是非常有内涵和特色的，这也是我第一次去南极学到的。在 2005 年去南极的游船或者叫科考船上，我遇到剑桥大学的一位讲师 Kim，她是整艘船的科考队长，出版过厚厚的一本英文书《南极生物多样性》。于是我明白了一个道理：大学老师，不仅可以教书做研究，还可以带队做科考旅行。后来，一个偶然的机会，我启动了北极科考活动，从此一发不可收拾，每年的寒暑假，都成为我带队周游世界的时间。我作为大学教授，迄今为止培养了将近 100 个硕士和博士研究生，其中有些人也已经成长为大学教授。同时，寒暑假期间，我作为有专业背景的领队，培养了更多的中小学生。他们中有许多获得省级科技创新大赛一等奖，有的同学因此获得北京大学这样名校的高考加分；更多的同学在申请到国外留学过程中，科考经历对他们被录取起到重要的帮助作用。同样是教书育人，一个是在课堂上、实验室中，另一个则是在野外、在大自然。从事教师的职业和生态学的专业，我开心；带领年轻人行走世界，我同样开心。

读万卷书，行万里路。读书，会使人长知识；行路，则让人开眼界。这世界，我还会继续行走下去！

张树义

2018 年 6 月

目 录

走进尼泊尔

三亚水上运动

菲律宾潜水

走进尼泊尔

2017 年 1 月 30 日 6 点 30 分，一行 28 人，来自祖国的四面八方，陆续汇集在成都机场，目标是飞往释迦牟尼的故乡——尼泊尔。

一行人中，有的团队成员是此前跟我到过其他地方旅行的，有的是以前的同事和朋友，还有的则是初次相逢。我在机场讲了临行须知：第一，人身安全；第二，财产安全；第三，保持良好和开心的旅行状态，相互尊重；第四，争取有收获。可以说，此次旅行开局很好，大家都准时抵达机场。

选择尼泊尔旅行，有多个原因：第一，距离中国近，成本低；第二，尼泊尔是释迦牟尼的出生地和佛教发源地，很多寺庙完好地保存下来；第三，全世界 14 座 8000 米以上的雪山，有 8 座在这里；在海拔一两千的地方就能看到七八千米的雪山；第四，奇特旺国家公园生物多样性很高，这是我的兴趣点；第五，能去博卡拉滑翔，是我的一个心愿；第六，尼泊尔人民友善，社会安定，我从来不去政治上不安定的国家。

释迦牟尼，是一个很大的话题，他是佛教的创立者，又被称作佛陀。当时的年代，印度北部有十六国以及若干独立或半独立的小国，释迦族统治的迦毗罗卫就是后者之一。释迦牟尼的父亲净饭王是释迦族的首领之一；母亲是摩耶夫人，她怀孕时欲返回故乡天臂城待产，结果在蓝毗尼园产下佛陀。据后人描写：摩耶夫人曾梦见白象入胎，她是在蓝毗尼园的菩提树下站着生下佛陀的。摩耶夫人在佛陀诞生七天后去世，他由净饭王的续妃或乳母抚养；七岁开始接受学业培养。在当时十六国争霸的时代，释迦族不断受到强邻的侵略威胁，地位十分脆弱。作为没落部族的王子，面对国族暗淡前景，释迦牟尼成年后有意为迦毗罗卫争取思想权威的地位，巩固统治。幼年丧母的释迦牟尼，在年少时便具有强烈的内省倾向和敏锐的感受力。传说他在随父外出农耕祭典时，独自在树下坐禅，达到初禅之境；他见虫子被农夫掘起，又被飞鸟啄食，痛感众生相残。这种对世间诸苦的深沉思考，成为他后来表达佛教立场的开端。

Day 1

飞跃珠峰、抵达加德满都

7点出头，我们才开始办理行李托运和安检，一切都顺利。但到了登机口，我们被告知航班延误，原因是对方机场大雾。最终，原本计划9点35分起飞的飞机，被不断地推迟；但团队中也没人抱怨，我感觉本次团队成员的素质很高。12点，飞机终于起飞了。

来自上海育才中学、16岁的张中尧同学这样记述她人生第一次飞跃雪山的感受：飞机从成都双流机场起飞，爬升的过程很是颠簸。妈妈说她每次来成都坐飞机都是这般摇晃，大概是多山的缘故。山，在上海长大的孩子，很难想象一个多山的城市，即便我从小随妈妈到四方游历，见过的大多也都是“青山绿水，白草红叶黄花”。在我印象中，旅游景点中的山永远是绿树常青，花语鸟鸣，即便爬起来累个半死的黄山，途中也总有秀丽的风景相随。“这次我们坐的飞机，可以看到喜马拉雅山脉的很多雪山，还可以看到珠穆朗玛峰。”张教授如此说道，团队里随即响起小小的欢呼声。雪山？我从未亲眼见过，于是便期待着，好奇着。

飞机穿过成都的雾霾，冒出厚厚的云彩，便飞行在了云海之上。我清楚地记得，那天一开始云很厚，一朵朵连起来，变成云海。云海之上，却再没有一朵云彩了。目之所及，皆是蓝天。这是一种很奇妙的感觉，密密的云海将底下遥远的城市严严实实地藏了起来，变成了第二条地平线。我们的飞机仿佛抵达了天上人间。后来，云散了，大地再次显露在我的眼前，城市却已不见——是山——这儿的山也一座座连起来了。但这些连成片的山带给我与连成片的云全然不同的感觉。云海柔软、澄澈、空灵，而这些山，很难找到形容词。它们像藏地汉子，粗犷却又不跋扈，健壮却又不魁梧；它们又像藏区老人的脸。吹在老人脸上的风粗粝、晒在老人脸上的光强烈、老人脸上的沟壑纵深。可当这些沟壑堆叠到一起时，又变成流露着沧桑与慈祥的皱纹。

忽然，我在半梦半醒之间被机上乘客的走动声吵醒，一抬头，发现雪山赫然立在窗外。赶紧坐直身子，贴上窗户想要一睹雪山的样貌。嚯！雪山！相比之下，那些连成片的山简直只能算是小土包了。雪山如白色的巨人，一座一座地手拉着手立着，站成群。险峻的山峰上覆盖着白雪，仿佛刺出白色海洋的锐利尖刀。这些可是平均海拔在7000米以上的山嗬！凝望着这些雪山，心中蓦然升起一丝敬畏。以往旅游之时，我见过太多青山叠峦的风景，却从未生出这般敬畏之情。那些被贴上“风景名胜”标签的山，更像是被人类驯服的小兽，乖顺地任人参观、游览，乖巧地向人类展示它风情万种的一面。可雪山不一样。它们是来自远古的巨兽，它们是世界的屋脊。它极高、极冷、极险。人类的飞机从它身边飞过，人类的旗子插上过它的峰顶，但人类从未真正地征服它。人类气喘吁吁在它脚下建立的大本营，对它来说也不过是信徒对神的膜拜。雪山与那脾气暴戾的野马又不一样。它不蛮横、不乖张、不横冲直闯，它只长年累月地立在那儿，肩负着白雪。雪山像垂暮的将军，依然有钢一般的身躯、铁一般的心。将军的威严渗透在雪白的胡子中，雪山的威严渗透在白雪里。将军不怒自威，雪山常年冰冷。我突然意识到人类之渺小。“孔子登东山而小鲁，登泰山而小天下。”孔子要是能乘坐飞机跟我一起看看雪山，也会理解我的心情吧——近年来有些人自认为已经可以支配自然，这是多么可笑！人们能造出带人类离开地球的火箭，却不能造出带人类探索马里亚纳海沟最深处的潜艇。人们在月球上留下脚印，却探索不完自然界的奥秘。人们砍伐百年古树、射杀珍稀生灵，开凿河道、开发土地，后来大自然让人类吃了苦头，人们便自怜自哀地说“我们已经过度利用自然资源”……说到底，自然不是来被利用的啊！见到雪山，我清晰地意识到，自然从未被人类支配，人们甚至从未与她平起平坐。人类一直是自然孕育的孩子，人们现在向自然索取的一切，根本不是她在任人宰割，而是人们在恬不知耻地向母亲索取恩惠。那天珠穆朗玛峰顶飘着一朵云，仿佛一道深邃的目光。

事实上，就在飞机飞行了大约两个半小时的时候，飞机上做了广播：即将越过珠峰。我们团队大多数人都坐在飞机的最右侧，可以把雪山看得清清楚楚。我仔细地寻找珠峰的影子，结果发现了那三菱形状、有大片黑色、上面飘有旗云的山峰，看上去也应该是最高峰。后来经过核实，那就是珠峰！珠穆朗玛峰是喜马拉雅山脉的主峰，为世界最高峰。位于中国与尼泊尔边界上，它的北坡在中国青藏高原境内，南坡在尼泊尔境内，而顶峰位于中国境内。藏语中“珠穆”是女神的意思，“朗玛”是第三的意思。因为在珠穆朗玛峰的附近还有四座山峰，珠峰位居第三，所以称为珠穆朗玛峰。珠穆朗玛峰是世界海拔最高的山峰，按 2005 年中国国家测绘局测量的岩面高为 8844.43 米，尼泊尔则使用传统的雪盖高 8848 米。珠穆朗玛峰山体呈巨型金字塔状，威武雄壮昂首天外，地形极端险峻，环境非常复杂。东北山脊、东南山脊和西山山脊中间夹着三大陡壁，在这些山脊和峭壁之间又分布着 548 条大陆型冰川，总面积达 1457.07 平方

千米，平均厚度达 7260 米。冰川的补给主要靠印度洋季风带两大降水带积雪变质形成。珠峰不仅巍峨宏大，而且气势磅礴。在它周围 20 千米的范围内，群峰林立，重峦叠嶂。仅海拔 7000 米以上的高峰就有 40 多座，较著名的有南面 3 千米处、海拔 8516 米的洛子峰，东南面海拔 8463 米的马卡鲁峰，北面 3 千米处、海拔 7543 米的章子峰，西面 7855 米的努子峰和 7145 米的普莫里峰。在这些巨峰的外围，还有一些世界一流的高峰与它们遥遥相望：包括东南方向有世界第三高峰、海拔 8585 米的干城章嘉峰；西面有海拔 7998 米的格重康峰、8201 米的卓奥友峰和 8012 米的希夏邦马峰。形成了群峰来朝、峰头汹涌的波澜壮阔的场面。

三个小时之后，我们顺利抵达尼泊尔首都机场。出关的时间很长，但总体还算顺利；需要填写表格和一张照片，没有费用。等到所有人员都出了关，我们跟从西藏飞过来的陈先生一家四口会合，然后跟等候在外面多时的当地导游拉金在机场外见了面。

所有的人和行李都上了车，大巴车带我们去宾馆。在车上，拉金送给每个人一个用金盏花做成的花环。金盏花（*Calendula officinalis*）亦称“金盏菊”，隶属于菊科，是一、二年生草本。很久以前，金盏花就生长在印度和尼泊尔地区，这种橘红色或金黄色的花朵，被尊为“圣花”，用金盏花编织成的花环，常被置于神明的雕像上。而西方古代的祖先，将金盏花冠系在门把上，以避免感染性疾病。

加德满都是尼泊尔首都和最大城市，位于加德满都谷地，四周环山，始建于公元 723 年，尼泊尔语为“独木庙”之意。加德满都分为新城与旧城两部分，是一座拥有 1200 多年历史的古老城市。它因精美的建筑艺术、木石雕刻而成为尼泊尔古代文化的象征，尼泊尔历代王朝在这里修建了数目众多的宫殿、庙宇、宝塔、殿堂和寺院等建筑，在面积不到 7 平方千米的市中心有佛塔、庙宇 250 多座，全市有大小寺庙 2700 多座，因此有人把这座城市称为“寺庙之城”。

加德满都给我留下的第一印象是路狭窄、灰尘很大。路边的店铺大多是独立分隔的小店，对面排着，隔着窄窄的小道。路上的车也不少，基本上都是印度的车。张中尧同学这样写道：脖颈上挂着黄澄澄的金盏花环，这是来自尼泊尔导游拉金的见面礼。相比之下，拍着车面乞讨的印度小孩，才更像是这座城市给我的下马威。从机场到宾馆的路上，我们遭遇比较严重的堵车，我甚至不太确定堵的是否仅仅是"车"。小麦色皮肤的人、古铜色的黄牛、涂着鲜艳染料的面包车还有摩托车，全部在加德满都的路上横冲直撞。加德满都面积只有50.67平方千米，却有900万人口，是典型地狭人稠的城市。

我们的大巴车在加德满都坑坑洼洼的道路上停停走走、走走又停停。百无聊赖，我拉开车窗帘，透过车窗打量这座城市形形色色的人们。目光刚一探出去，就对上了好几双同样好奇的眼睛——这座城市的人，也在透过车窗打量我。这场奇妙的灵魂对视被响亮的"hello"声打断。我循声望去，看到一位高瘦的女人，她怀里抱着个裹着几层布的婴儿，身边还有一个四五岁左右的男孩。男孩瘦瘦的，头发又长又乱，那声"hello"就是他喊的。男孩的双手稍稍弯曲并拢，做出捧的姿势放在胸前，一声声地喊着"hello"，意思不能再明显：他是借着堵车的机会来乞讨了！那女人大概是男孩的母亲，不像男孩一样稚气地高声喊叫，她紧紧抿着嘴唇，用期待的眼神看着我们。男孩一面用好嗓子声声乞讨，一面用一只手遮住刺眼的阳光。男孩皱着眉。同行的一位队员扔下一张尼币，男孩笑了起来，用高亢的声音喊着"thank you，thank you"。女人咧开紧紧抿着的嘴唇，也笑了。

车内没人能笑得出来。“那是印度人，他们从印度过来的。”导游拉金向我们解释，语气中掺杂了一丝不满，“我们尼泊尔人不会做这样的事的，我们是一个信仰宗教的国家，小孩子不会去乞讨的。”我拉上了窗帘，不是因为冷酷无情，而是因为不忍直视。那男孩的声音却在脑海里挥之不去。他的嗓音嘹亮动听，像个天生的歌唱家——可他是个小乞儿。我想到余秋雨先生在《文化苦旅》里描绘过他在印度旅游时遭遇的乞讨：数以千计的印度人从事乞讨，他们出现在酒店、饭馆，更多地出现在旅游景点。政府屡禁不止，即使为这些人置办了房子，第二天他们依旧会上街乞讨。余先生最后与友人落荒而逃，他说“再也不想见到那双乞讨的手哇!”……我又忽然想起前几天看的《我的前半生》，作者是末代皇帝溥仪。溥仪在书里提到他的父亲摄政王。说他的父亲是一个很失败的君王，但却很喜欢记录天相，“如果他生在今天，应该能成为一个天文学家。”我竟觉得在加德满都看到的这一幕和书中的情形有奇妙的相似：一个末代的王朝和一个新生的国家、一个生错了时代的天文学家和一个生错了地方的歌者。

导游继续解释：“你们这个可以放心，加德满都很安全。我们很穷，但是我们不会去抢劫的，这些不会有的，我们绝对不会做那样的事的。”队员们都松了一口气。可是那又如何呢？不是尼泊尔人又怎样呢？不知为何，这样的美德并没有让我感到轻松，反而加深了我的疑惑。我到底在困惑什么呢？我也说不清楚。车终于继续开了起来，我继续向窗外望去。我看到人们行走着，行走在低矮错杂纠缠在一起的电线、岌岌可危的房屋以及满是尘土的楼之间。

太奇怪了——听说尼泊尔是“宗教的国家”，虔诚的教徒脸上能看出一种满足；又听说尼泊尔是世界上幸福指数最高的国家，在加德满都可以看到最澄澈的笑容。可在车窗外的掠影中我看到的更多的却是平静的脸。那不是满足哇！那分明是平静得如一潭死水，不抱有任何期待与希冀的表情。为什么是这样的？心中的困惑终于叫嚣出声。明明加德满都是这样一座被贫穷压得抬不起头的城市，明明导游反复地提到“我们很穷”，为什么这里的人依旧能够忍受，依旧能够幸福？我的内心在思考……

将近一小时后，我们抵达香格里拉宾馆。门口一个穿制服的女性保安吸引了大家的注意，团队成员纷纷为她拍照。入住酒店，感觉里面的条件还好。大堂的 WiFi 免费，房间一小时之内免费，超出的时间则需要付费。

稍事休息，18 点 30 分，我们步行去一家有歌舞表演的尼泊尔餐厅吃饭。来自成都七中的黄馨颖同学详细描述了这顿晚餐：在尼泊尔吃的第一顿饭被称作“礼餐”。这是极富尼泊尔气息的饮食，用来迎接远道而来的客人。餐厅从外面看，没有什么特别的，不过是朴素的白墙上挂满了不协调的彩灯，显得有些别扭。可里边却是别有洞天。迎客的侍者早已恭候在门外，为宾客们点上代表着祝福的红朱砂。餐厅内的装潢充斥着印度教的色彩。金灿灿的墙壁里供着姿态各异的金灿灿的神像，金灿灿的世界里洋溢着金盏花金色的芬芳。边用餐边欣赏尼泊尔各民族的舞蹈，和着风格各异的乐曲，欢快跳跃的舞步点燃了现场气氛。当大家看到熟悉的民族时还会油然而生一种亲切感。这时拉金向我们介绍尼泊尔

的民族——一共120多个，其中有一些和中国的56个民族中的是一样的。这着实让当时在座的团友们吃了一惊——这样一个小小的长方形国度里有的民族数竟然会比它国土面积大了65倍的国家的民族数多了一倍还多！可想而知这里曾有，现在仍有多少灿烂的文化。遗憾的是它们没有被人们重视，或许还正趋于泯灭。

几支舞跳完了，表演者们陆续地退到后台，原本狭小拥挤的舞台一下子显得空荡荡的。片刻后，刚才为舞者们伴奏的五位乐手中最年长的一位走上台前，手中拿着几个状似开瓶器的小铁片上场了。铁片上只有一根弦，貌似是一根有弹性的细铁丝，从铁片的一头伸出去，框上编着装饰。当时我是十分纳闷的。这是什么乐器？在我正疑惑间，老伯已经开始他的演奏。他用牙齿咬住细弦，用手弹拨着。那声音如同倾听一滴水落入静潭，在空气中泛起层层涟漪，又在耳蜗里回返往复。仅弹一下，便久久不绝于耳。我往舞台前凑，想要为老伯拍上几张照片。只见老伯眉头微皱，本就沟壑纵横的脸更加斑驳了，像枯树皮。他用牙紧紧咬着弦，用一根食指去弹拨它，不是轻轻地，显然是颇用了一些力气。我隐约可以看见他手上的厚茧，一层一层。这简简单单的一根弦竟可以发出如此多变的音符和统一的声音。

表演结束，有人扮作孔雀来讨要小费，他先用夹子做的“孔雀”的喙啄啄客人的头，用嘴叼走客人给的小费，回头还用头蹭蹭客人以表感谢。有客人图好玩，拿了一元硬币放头上让他去叼，满想着他定是叼不起来，结果他却先嫌弃地摇摇头——嫌少啊！不肯拿！捉弄我是吧？还反过去再啄那客人几下。客人捉弄“孔雀”不成反被 “欺负”，最后还是放了一张 100 卢比的纸币在头上，“孔雀”才罢了休。晚饭结束后，我看到老伯在餐厅楼道旁向我们宣传那小乐器——口弦琴。他用带尼泊尔口音的英语介绍着自制口弦琴和自己的 CD。我驻足端详那小铁片——口弦琴，犹豫着要不要买一个做纪念，送人也好，收藏也罢，总归是一个极富尼泊尔特色的乐器，也当作支持老伯的艺术。可最终，我还是跟着人流离开了。回去之后，那滴水之声仍在脑海里回返往复着，像是永远停不下来。这时我为自己的犹豫感到遗憾。小小的遗憾留在了那悠扬的口弦琴声里，却久久难以忘怀。

黄馨颖提到的口弦琴多为铁制或铜制，长 12 ～ 15 厘米，由琴库和琴簧两部分组成。琴库通常是将一根长约 20 厘米的铁条或铜条打制成形。琴簧是一根长约 8 厘米，宽端 4 或 5 毫米，细端仅为 2 至 3 毫米的极细薄的铜片。演奏时，演奏者左手握琴库的根部，将琴簧部分置于口唇之间，右手食指抵住琴库尾部，同时用大拇指拨动口弦琴的琴簧，簧片震动后发出“嗡嗡”的声音。声音靠口腔、唇的开合，呼吸强弱来配合调节音量和音色。随着演奏者拨动的力度以及气流大小的不同，使音域、音量发生细微的变化，整个口腔也起到共鸣箱的作用，将“嗡嗡”的声音转换成“哇哇”的声音。

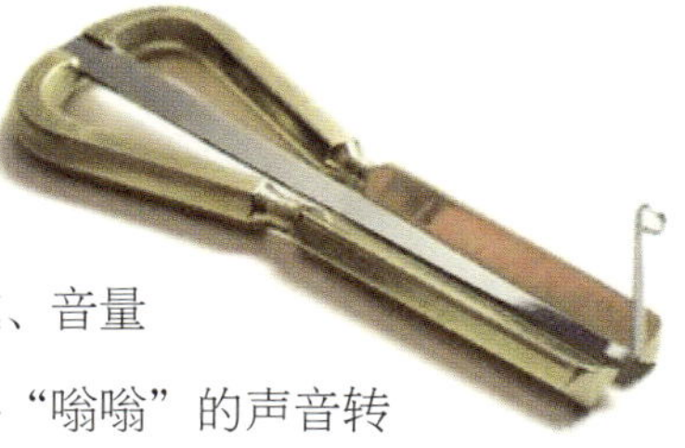

吃饭时，当地地接公司的负责人小邦来拜会了我，他看上去 40 岁左右，年轻精干的样子。晚饭后，我们离开饭店返回宾馆，发现这里正在搞 Party，刚开始以为是婚礼，后来才知道是成人礼。

Day 2

猴庙与巴德岗

吃完早餐，团队成员准时于 8 点钟在大堂集合。令人尴尬的是大巴车竟然还没到。我不悦地督促拉金，让他打电话给司机。拉金稍有点紧张，一遍遍地催司机。终于，大巴车于 8 点 10 分缓缓地开进香格里拉宾馆的院子里。不过这段时间大家也没闲着，轮流跟一个持尼泊尔军刀的卫士合影。尼泊尔军刀，准确地说，是廓尔喀弯刀。据说，廓尔喀人是蒙古人的后裔。他们经中亚辗转来到尼泊尔建立了廓尔喀公国。

8 点 30 分，我们的车终于开出了香格里拉宾馆的院子。谁知车的麦克又不好用，拉金也不软，说要么修好麦克，要么换车。我给小邦打了电话，让他跟巴士公司沟通。

9 点钟，我们抵达猴庙。可以说，喜欢尼泊尔的人没有不知道这里的。世界文化遗产斯瓦扬布纳特佛塔（Swayambhu Nath），意为“自体放光”，已有 2000 多年的历史。因为这里栖息着数百只由僧侣定时喂养的野生猴子，俗称“猴庙”。 猴庙建在加德满都以西的山顶上，登顶后可俯览整个加德满都谷地。这里是佛教徒的一个重要朝圣地，并以加德满都河谷最古老的遗迹而引人注目。相传释迦牟尼曾亲临此地。每年佛祖诞生日时这里都要举行盛大的法会，届时人头攒动，热闹非凡。

在猴庙的门口，我们遇到几个小和尚，身上披的袈裟颜色，跟西藏

喇嘛披的一样。他们不乏普通人家孩子的顽皮劲儿，跟一个中年男子打打闹闹。随后，我们走进了猴庙景区。第一眼看到的便是“尼泊尔之眼”。那洞悉一切的慧眼，似乎是千年不变的注视。在尼泊尔，无论你身在何处，总会有一双佛眼在注视着你的一切。站在巨大的佛塔下，深感自己的渺小。据说，佛眼下方的鼻子形象好像是一个问号，实质代表尼泊尔的数字 1，代表和谐一体。佛眼上方有 13 层逐渐螺旋向上递减的金黄色圆轮环，代表着 13 种境界通往涅槃，代表极乐世界。而最上面的圆形华盖就是涅槃，也就是通往极乐世界。佛塔的整个造型从上到下分为 5 块，含义分别是：最底层，代表“地”；白色的半圆主体，代表“水”；螺旋向上递减的金黄色圆轮环形成的塔，代表“火”；上面的圆形华盖，代表“风”；最上面的代表“天”。也有人说，这座拥有金色的塔身和四周巨大佛眼的四眼天神庙表示佛法无边，也有人说表示爱与和平。不管怎么解释，这双眼睛已经成为尼泊尔的标志。

除了尼泊尔之眼，猴庙留给我的第二印象便是猴子真多。从山脚下沿着石梯拾级而上，便能看到三五成群的猴子悠闲地觅食、散步、端坐，有时则忽地跳跃到佛像头顶。山路两侧不远处便是郁郁葱葱的树林，是猴子们天然的栖息地。关于这些猴子，当地也有相关的传说：文殊菩萨在此剃去三千烦恼丝，头发变为树木，头上的虱子则化作猴子。因此这里的猴子被视为“圣猴”，受到寺庙僧人、居民的尊敬和保护。但拉金的说法则不尽相同，他说猴子曾经在释迦牟尼饥饿时为其采摘水果，所以佛陀的后人敬重猴子。不少人认为，这里的猴子以庙为家，听着佛乐长大，神情举止还真有些修身养性的样子，“猴子也修行”成为游客们谈论猴庙的一句流行语。而且看得出当地的人，甚至狗，都非常接纳这些猴子并且相处愉快。

10 点，我们离开猴庙去巴德岗。巴德岗位于加德满都以东 14 千米处，为加德满都谷地三大城市之一，是尼泊尔中世纪建筑和艺术的发源地。巴德岗，在尼泊尔语中意为“稻米之城”或“虔诚者之城”。砖红色是巴德岗古城的主色调，质朴的红砖、深栗色的精制木雕，再加上密集的寺庙和砖石佛塔构成了巴德岗独特的建筑风格。巴德岗有三大广场，其中杜巴广场是巴德岗的第一大广场，四周全是形形色色的古老庙宇和老房子。这里有统治尼泊尔长达 500 年之久的马拉王朝的王宫，包括许多各具艺术特色的宫殿、庭院、寺庙、雕像等，被誉为“中世纪尼泊尔艺术的精华和宝库”。其中的金门和 55 窗宫，因其精美的铜铸和木雕艺术而闻名，是罕见的艺术珍品。

巴德岗给我最深印象的是地震损坏了不少民房，寺庙也有所损坏，正在重建或者修缮。另外一个深刻的记忆便是巴德岗的木雕，拉金说这里很多当地人都是木雕雕刻的手艺人。我们有几个人花 200 元人民币买了

佛音碗，据说是七种金属制成的铜钵，手工砸制，声音很好听。佛音碗，又称为修行钵或转经碗，藏传佛教中有很多形态各异的法器，其中一种称为铜磬，也叫作佛音或者佛音碗，由一个紫铜钵及一个手工桃木的柄组成。聆听一下佛音，随着桃木在钵口缓缓滑行，空灵的天籁声能让浮躁的心灵沉静。尝试一次与佛最近距离的对话，抛开世俗只闻得自己心底的声音，宁静致远，豁然开朗，修身养性，守正为心。

巴德岗的帕坦王宫国王浴池也是一个不容错过的地方，它位于杜巴广场的一个黄金门内，黄金门还有士兵把守，是这片区域唯一可以拍照的地方。国王浴池建在王宫庭院之中，庭院大门太小，以至于会错过这里，

倒是门口背着冲锋枪的士兵吸引了我们的注意力。浴池周围有盘绕扭曲的石雕蛇，石雕蛇仰望着斑驳的圆柱。从鳄鱼魔王口中探出一个山羊头，水流就从这里倾泻而出。整个浴池及其附属的雕像彰显其主人的高贵和奢华。浴池中间立有一根雕着眼镜蛇的石柱，与它对望的是浴池东面同样的眼镜蛇雕像，整座浴池共有六条石雕蛇，蛇在印度教中是蛇神那伽，这六条蛇神作为保护神保护着国王。

在这里，我们遇到一队穿着蓝色制服游行的当地学生。我以为他们是在抗议什么，拉金解释是私立学校的学生宣传防火。在这里还有一个小插曲：我不知不觉走出了巴德岗的大门，回来的时候一个看门的中年男子用英语管我要 Ticket，我以为是遇到了小骗子，一边用手把他扒拉开，一边说“What ticket”。他竟然不依不饶地又冲到我前面，让我 Stop。我开始觉得他可能不是骗子，用英语跟他说我们的导游在前面。他看到我十分硬气，就没再纠缠我。

13 点 15 分，我们会合到一起，去一个当地人开的餐馆吃饭。在餐馆的门前，一个晒陶罐的妇女吸引了我的注意。陶罐似乎是装硬币的，上面有一个小口子。吃完饭，王礼强先生请我们另外三人到一个古香古色的楼上喝咖啡。

14 点 45 分，我们再集合，准备奔往下一个目的地。就在我们走出大门的时候，我突然发现上午拦我的那个中年男子竟然真的是在那里收费，于是询问拉金这里是否真的收费，拉金说是的。我跟他说了上午的事情，他用当地话跟那个中年男子做了解释。我也过去和他解释并合影留念。

离开巴德岗，我们驱车奔往纳加阔特（Nagarkot）。如果说加德满都是一个小盆地，那么纳加阔特就是这个“盆”的边沿。纳加阔特是一个很小的地方，但被称为“喜马拉雅山的观景台”。因为这里是加德满都谷地观赏喜马拉雅山脉视角最广且最佳的地方，正对着喜马拉雅山脉的 20 多座 6000 米以上包括珠穆朗玛峰、雅安纳普尔纳山峰、冈底斯圣山等世界著名雪峰的连绵山丘。在这里观赏喜马拉雅雪山全景，喜马拉雅雪山就像一条玉带横挂在空中。据资料记载：“在 10 月到次年 3 月之间前往纳加阔特通常会不虚此行，但如果在 6 月到 9 月的雨季来到这里，就没有那么幸运了。”然而，我们在 2 月初来到这里，却依旧不幸运，没有看到日出景象。

抵达纳加阔特时已经是 16 点多，我们办理了入住手续，大家在大厅上网、传照片。马总查阅了日落时间，我们出去溜达看日落。溜达了没多一会儿，闫老师在楼上喊我们。我们好奇地走回宾馆，走到六楼，顺着小楼梯爬上楼顶，拍摄了落日余晖的情景。随后，在最高的平台上聊了一会儿，结果被告知比原先预计的时间早很多就开晚饭了。

晚饭的小特色是当地的饼，饭后我们天南地北地聊起了三元论、人的起源与进化以及中国文明的起源。

Day 3

从纳加阔特到奇特旺

一大清早，大家就到宾馆开阔地看日出。由于雾太大，根本看不到雪山的影子。拉金说，这样的天气很少见。我们真的是运气不好。吃过早餐，我们8点钟准时出发。下山的盘山路上，我略微有点晕车，赶紧吃了晕车药。中途上厕所的时候，我看到地上有个用两片树叶压成的碗，很有特色和环保。这里的厕所也很有意思，厕所前面是一个用来装钱的透明玻璃箱子。

路上，拉金介绍了尼泊尔国王遭遇杀身之祸的故事。2001年6月1日晚，尼泊尔发生震惊世界的王室血案，国王比兰德拉、王后艾什瓦尔雅、王子尼拉真、公主什露蒂等9名王室成员惨遭杀害，而凶手竟是国王的长子、王储迪潘德拉。

将近 13 点钟，我们到了吃午饭的地方。快速吃完午饭，我们 13 点 30 分再出发。接近 15 点，抵达一个公园的时候，我们下车等候。因为修路，15 点钟开始才可以向奇特旺的方向行驶。在这里见到许多光膀子的当地人，以及用炮仗花装饰成的门。炮仗花也被称作黄鳝藤（*Pyrostegia venusta*），隶属于紫葳科、炮仗藤属藤本，具有 3 叉丝状卷须。雄蕊着生于花冠筒中部，花丝丝状，花药叉开。子房圆柱形，密被细柔毛，花柱细，柱头舌状扁平，花柱与花丝均伸出花冠筒外。花期长，原产于南美洲巴西，在热带亚洲已广泛作为庭园观赏藤架植物栽培。多植于庭园建筑物的四周，攀缘于凉棚上，初夏红橙色的花朵累累成串，状如鞭炮，故有炮仗花之称。

大巴车在路上堵车停下，我从车窗看到不远处有两个苦行僧蹲在一个小餐馆前面，刚开始还友好地交流，后来不知发生了什么，好像是一个人抢了另一个人的饭盒，另一个人则举着石头做出要拼命的架势。众所周知，苦行僧是印度盛行的修炼方式，常有苦行僧蓬头垢面、衣衫褴褛，

带着象征湿婆神的三叉杖，边走边吟诵古经文。苦行僧必须忍受常人认为是痛苦的事，如长期断食甚至断水、躺在布满钉子的床上、行走在火热的木炭上、忍酷热严寒等事情，来锻炼忍耐力。印度教认为，人需要经过多次轮回才能进入天堂，得到神的关照。

就在我们车对面的路旁，还见到一位衣衫脏乱的青年人，跟一条狗在一起，住在没有墙壁的空间。拉金说他是孤儿或者流浪儿，靠捡塑料瓶子为生。随后，车时断时续地继续行驶，不久后来到一个休息处，大家纷纷下车上洗手间。我看到有几个当地人围在地上吃饭，便去拍摄他们用黄土砌成、正在燃着火苗的小炉灶。小马哥也走过来，我问他跟当地的孩子相比，谁更幸福？他说他更幸福。说实话，世界上还有很多国家的孩子，生活在温饱线附近。我跟他说要感谢父母给自己提供的良好生活条件。

一转身，我们的一位女队员正在给一个男孩面包，那是我们在成都住的宾馆给我们的早餐。她把面包给了一个六七岁大的小男孩，并合影留念。我观察到，转瞬间，那个小男孩就把面包交给了一个大男孩。我没有跟踪那个面包的命运，但明显感受得到他们对面包的珍视。

接近 18 点钟，大巴车终于抵达奇特旺的宾馆。快速办理完入住手续，我们陆续来到一个不大的露天音乐广场。我们坐在台上，下面是当地人跳舞和演奏音乐。我注意到当地男人的衣服是深蓝色的，不知为什么没有女性参与表演。几曲舞蹈之后，主办方邀请大家一起跳舞。当然，最后是不能忘了给小费的。

Day 4

奇特旺的野生动物

早晨，我们 7 点便一起乘车出去骑大象。远远地便看到一块空地上有几个台子，台子的旁边是早已默默等候的大象。于是，大家四个人一组，快速地爬到大象后背的台子上。我和小马哥一家骑上了第二头大象。

亚洲象（*Elephas maximus*）是亚洲现存最大的陆生动物，雄性有长达 1 米多的象牙，但雌性却没有象牙。亚洲象身高 2.1 ～ 3.6 米，体重达 3 ～ 5 吨。野生象在亚洲已经很少，在包括尼泊尔在内的东南亚一些国家，驯养的家象、役象却很多。在尼泊尔，一头家养的大象价值 40 万元人民币，游客多的时候，一头大象每天可以赚 3000 ～ 4000 元人民币。

大象的队伍过了小河，走进森林。第一个出现的野生动物是一只雌性斑鹿。斑鹿（*Cervus axis*，英文名亦作 Spotted deer），栖息在印度、尼泊尔、斯里兰卡等国家和地区的草地和森林中，是群居动物，每群最多可达 100 只以上，肩高 90 ~ 95 厘米。背面浅红褐色，带斑点，腹面为白色。雄鹿会长角，分三叉，长 100 厘米左右。斑鹿的样子与梅花鹿差不多，也长着白色的斑点，但在分类学上是两个不同的物种。梅花鹿（*Cervus nippon*）分布于中国东北、日本和俄罗斯，雄梅花鹿的角一般分四叉。

除了斑鹿，我们还见到了水鹿（*Rusa unicolor*）。水鹿体型比较粗壮，是热带、亚热带地区体型最大的鹿类，身长 140 ~ 260 厘米，尾长 20 ~ 30 厘米，肩高 120 ~ 140 厘米，体重 100 ~ 200 千克，最大的可达 300 多千克。雄水鹿长着粗长的三叉角，最长者可达 1 米。毛色呈浅棕色或黑褐色，雌水鹿略带红色。水鹿与其他鹿种相区别的重要特征是：角小、分叉少。水鹿喜欢在日落后活动，无固定的巢穴，有沿山坡作垂直迁移的习性。其活动范围大，没有固定的窝，很少到远离水的地方去，夏天喜欢在山溪中沐浴，故名水鹿。

紧接着，我们的象夫第一个发现了独角犀。我们在树丛中围着犀牛的位置绕来绕去，但树丛有点密，独角犀躲在丛中不肯出来。象夫用口哨召唤其他的象夫，其他的大象陆续赶来，我们的大象却离开了。对于这种现象，我心里不悦，但也能理解，因为象夫们是团队，也要彼此帮助。

俞辰悦同学这样介绍她骑大象的经历：我们骑上了大象，一路晃晃悠悠地穿行在奇特旺国家公园里，我期待着能快点看到动物。大象驮着我们慢慢地行进着，每当遇到挡路的枝叶时，大象都会用长长的鼻子把它们折断。走到半路时，我们骑的这头大象突然不肯走了，无论象夫怎么赶它都不肯走，还发出了巨大的叫声。这时我好害怕，担心大象会把我们都摔下来，还觉得大象有些可怜。过了好一会儿，大象终于又安静顺从了，我才放下了心。一路上我们看到了许多动物，有美丽的白斑鹿、调皮的猕猴、鸡的野生祖先原鸡、各种五颜六色的鸟儿……最珍贵的还属尼泊尔国宝独角犀。我们在丛林里遇见了一头正在觅食的独角犀，载着游客的一群身强体壮的大象向犀牛慢慢靠拢，将独角犀围了个水泄不通，独角犀无处可逃，可以让我们仔仔细细地观察它了。独角犀真是个大家伙——厚厚的皮肤看上去就像穿着一身刀枪不入的铠甲，四肢短小粗壮，如同四根坚固的柱子，头上的那根独角，弯成一个月牙，锋利得像把匕首，似乎随时就会无情地向敌人刺去。一双黑洞洞的小眼睛长在脑袋两侧，一对耸立的小耳朵灵敏地听着四周的动静。它一动不动地看着我们，感觉像一位威风凛凛的战士，它那低矮强壮的身体，如同一辆坦克，速度缓慢却力大无穷。终于有头大象往一边挪了过去，让出一条路来，那头独角犀快速地消失在丛林中。

关于奇特旺国家公园，杨蕴涵同学也写了一段文字：奇特旺国家公园位于尼泊尔南部广阔的平原上。距离加德满都200多千米，得天独厚的自然环境和远离闹市的幽静使它拥有众多的珍禽异兽，比如独角犀、恒河鳄、白斑鹿以及世界上约1/3的鸟类。在我的心中，这个地方就像它的名字一样，充满了神秘的色彩。我想探个究竟，为什么各种野生动物都愿意聚集在这里自得其乐？当张教授对我们说："探险即将开始，让我们坐上独木舟去找鳄鱼。"想到要和这些凶残的大家伙如此亲密地近距离接触，我既紧张又期待。随着小舟在拉普提河上缓缓前行，我惊讶地发现两岸的河堤上到处散布着懒洋洋的鳄鱼。它们一改往日嗜血凶残的

本性，在温暖的阳光下尽情地晒着日光浴。有的伏在河滩上眯着眼睛，显得如此惬意；有的干脆把山石当枕头，顺势枕着睡觉；还有的半张开嘴巴，雪白的牙齿一览无余。当我拉近镜头焦距时，鳄鱼的牙齿甚至清晰可见，那表情似乎在说：“来数数我有几颗牙吧。”它们就静静地躺在那里，淡定地看着我们的小船从它们面前划过，毫无敌意。而船夫和导游也同样镇定自若，听他们说这里的鳄鱼有两种，一种是短吻鳄，另一种是印度鳄。因为鳄鱼是冷血动物，它们需要借助太阳的光辉来增加体表温度。当它们懒洋洋地晒着太阳的时候，一般都不会主动攻击人类和其他动物。果然，一只飞鸟停在了鳄鱼身边不紧不慢地啄着食物。而那鳄鱼丝毫不理会身边的鸟儿，依然一动不动地躺着，悠闲自得。于是在太阳的余晖下，飞鸟、鳄鱼组成了一幅和谐安详的画面。我也第一次觉得，在原生态的热带森林里鳄鱼竟然也有萌萌哒的一面。除了鳄鱼，孔雀在这里也展现了不为人知的另一面。当我们驱车飞驰在密林里，竟意外地发现一只彩色的孔雀傲立在树枝上，长长的羽翼从枝干上垂落下来。那种在旷野中自由自在的美丽深深地震撼了我们每一个人。原来孔雀真的会飞，原来乐府歌辞里的“孔雀东南飞”真的不是传说！我情不自禁地一遍遍按着相机快门，记录下这难忘的一瞬间。我想我终于明白奇特旺国家公园的神秘魔力了。大自然的和谐，原生态的魅力，人与自然的平衡，让这里成了动物们的天堂，而人类也享受着与动物为伴的乐趣。

骑大象不到一个小时就结束了，大象慢慢地返回到丛林边缘。我看到地上聚集了一群雄性原鸡，它们明显要比家鸡瘦。原鸡（*Gallus gallus*）是家鸡的野生祖先。雄鸟上体有金属光泽的金黄、橙黄或橙红色，并有褐色羽干纹。脸部的裸皮、肉冠及肉为垂红色，且大而显著。雌鸟上体大部为黑褐色，上背为黄色并具黑纹，胸部为棕色，往后渐变为棕灰色。原鸡栖息于海拔 1000 米以下的热带森林、次生竹林中，集群生活。以植物的果实、种子、嫩竹、树叶、各种野花瓣为食，也吃白蚁、白蚁卵、蠕虫、幼蛾等。雄鸟独处，或与众雌鸟配偶，或与其他雄鸟群栖。取食于地面但飞行能力强，夜栖树上。原鸡分布范围包括中国、印度、尼泊尔等地，尤其是东南亚国家。

终于，我们又抵达了大象出发时的平台。转身的时候，我背包上的瓶子掉了，我请象夫让大象捡起来，大象灵活地用鼻子卷了起来。等大家都下了大象聚集在一起的时候，我请小马哥给大家介绍了亚洲象和非洲象的差别：亚洲象体型比非洲象要小一些；亚洲象的鼻子端仅有一个指状突起，它们的牙也有区别，非洲象的牙呈八字长出，在中间部分又向内弯曲成弧形。而亚洲象的牙则顺着象鼻向前生长，且亚洲象只有公象有牙，另外它们的耳朵和脚趾也有区别！

结束了骑大象活动，我们紧接着乘坐小船过了一条河，然后上越野车准备进入奇特旺国家公园纵深处。我起初是更希望徒步活动的，这样可能拍到更好的照片。但由于大多数人选择越野车，我也只能跟随大部队活动。而我的选择更增加了越野车的砝码，最后是所有人都选择了越野车。而且，之前拉金一

再强调：不可穿鲜艳的衣服，也不可高声喧哗。

越野车刚一启动，我们就见到一头大象在象草中独自踱步，也不知是野生的还是家养的。象草（*Pennisetum purpureum*）是禾本科、黍族多年生丛生大型草本植物。原产非洲，后引种栽培至印度、缅甸、尼泊尔等地。继续前进，我们远远地看见一只雄性蓝孔雀落在树干上。孔雀是鸡形目雉科的一个属，是人们十分熟悉的鸟类。全世界共有两种孔雀：蓝孔雀（*Pavo cristatus*）和绿孔雀（*Pavo muticus*），蓝孔雀又名印度孔雀，是印度的国鸟，雄鸟羽毛为宝蓝色，富有金属光泽，产于印度、尼泊尔、斯里兰卡等地。那孔雀见到我们的车队，可能是害怕的原因，竟然在森林里飞翔起来。纤细的身躯和长长的翅膀，宛若传说中的凤凰一般。

继续向前走，远远地看见一棵树上落着好多只秃鹳。秃鹳（*Leptoptilos javanicus*）是一种大而笨重的涉禽，身高可达 1.2 米，上体黑灰色，有蓝黑色金属光泽；下体为白色，头和颈有稀疏而短的毛发状羽近似裸露，红黄色。随后又看见一只孔雀与几只斑鹿在一块

空地上，它们相安无事，显现出大自然祥和的景象。

我们到了一个有军人站岗放哨的地方，这里是检查站。我拍完照片才知道不许拍摄军人，可是我已经拍完了。继续向前走，见到几只灰色的丛林鹎鹛在象草丛中跳来跳去。丛林鹎鹛（*Turdoides striata*）是画眉科鹎鹛属的一种，分布于印度次大陆及中国的西南地区。

紧接着，我们的右侧出现了一片湖水。一只白胸苦恶鸟正在水面上寻找食物。白胸苦恶鸟（*Amaurornis phoenicurus*）属于鹤形目秧鸡科的鸟类，嘴基稍稍隆起，但不形成额甲，嘴峰比趾骨要短；翅膀短圆，不善长距离飞行。善奔走，在芦苇或水草丛中潜行，亦稍能游泳，偶尔做短距离飞翔，以昆虫、小型水生动物以及植物种子为食。在繁殖期间雄鸟晨昏激烈鸣叫，音似“苦恶，苦恶，苦恶”，故称“苦恶鸟”。

随后出现的是一只黑水鸡和三只紫水鸡。黑水鸡（*Gallinula chloropus*）是鹤形目秧鸡科的鸟类，中型涉禽，体长 24 ～ 35 厘米。嘴的长度适中，鼻孔狭长；头部有额甲，后缘圆钝；嘴和额甲的色彩鲜艳。翅膀为圆形，尾下覆羽为白色。通体为黑褐色，嘴为黄色，嘴基与额甲为红色，两肋有宽阔的白色纵纹，尾下覆羽两侧亦为白色，中间黑色，黑白分明，很醒目。脚为黄绿色，脚上部有一鲜红色环带，亦甚醒目。游泳时身体露出水面较高，尾向上翘，露出尾后两团白斑，很远即能看见。栖息于灌木丛、蒲草、苇丛，善潜水，多成对活动，以水草、小鱼虾、水生昆虫等为食。广布于除大洋洲以外的世界各地。紫水鸡（*Porphyrio porphyrio*）是鹤形目秧鸡科的鸟类，中型涉禽，两性同型，体羽大都为紫色或蓝色，尾下覆羽为白色，翅膀和胸为蓝绿色。栖息于江河、湖泊周围的沼泽地和芦苇丛中。以昆虫、软体动物、水草等为食。这里还有一只印度池鹭，印度池鹭（*Ardeola grayii*）是一种中型涉禽，通常驼背。

主要食物包括甲壳类动物、青蛙、水生昆虫、鱼类、蝌蚪。印度池鹭在

鹭鸟中显得很特别，在飞行时，身体上闪动着橄榄色和棕色颜色相对比的隐秘的斑纹，它们有一双明亮的白色双翼。粗壮的短颈部，短厚的鸟喙呈浅黄色或棕色。腿红色。在夏季，成鸟脖子上长出长长的饰羽毛。印度池鹭的伪装术非常优秀，经常允许人接近时才快速飞开，这导致当地民间认为这种鸟近视或眼睛有问题。

紧接着，湖的对岸出现了一排栗树鸭。栗树鸭（*Dendrocygna javanica*）是中等体型的红褐色鸭。头顶为深褐色，头及颈皮为黄色，背为褐色并有棕色扇贝形纹，下体为红褐色。左右翅各有 1 枚形状特殊的飞羽，飞行中与空气摩擦能发出轻而尖的啸声。栖息于丘陵谷间小盆地

或面积不大而浅水的水域以及水库中潮湿多草的小岛上。结小群活动于湖泊、沼泽、红树林及稻田。属半夜行性。

不远处是一只站立在树枝间的鹳嘴翡翠。鹳嘴翡翠（*Pelargopsis capensis*）外形很像啄木鸟，嘴呈褐色，翅膀为墨蓝色，头顶灰色，脚呈褐色。嘴侧扁，嘴峰两侧有鼻沟，尾较嘴长，翼形短圆。上背有一宽阔的亮棕黄色环带融入下体，上体大都蓝绿色。主要栖息于海拔 1200 米以下的常绿阔叶林、溪流与河谷岸边。多单独活动，常躲藏在树丛之中，站在水边树枝上注视着水面，当发现食物时，则扎入水中捕捉。

不久，另一个枝头站立着一只灰头渔雕（*Ichthyophaga ichthyaetus*）进入我们的视野。渔雕是较大型的猛禽，但通常比海雕类要小一些。主要以鱼类为食，也吃蜥蜴、蛙类等小型动物。渔雕通常栖息于靠近河流或海岸的森林地区。紧接着是站

立在枝头的白胸翡翠（*Halcyon smyrnensis*），白胸翡翠也叫白喉翡翠。嘴赤红，头颈和腹部栗色，胸部白色。是一种分布在亚洲南部和西部的翡翠。

继续往前行驶，看到一只猛禽在巢穴里，当地领队说是蛇雕（*Spilornis cheela*）。蛇雕是大中型鹰类。头顶具黑色杂白的圆形羽冠，覆盖后头，多成对活动，栖居于深山高大密林中，喜欢在林地及林缘活动，在高空盘旋飞翔，发出似啸声的鸣叫。它们以蛇、蛙、蜥蜴等为食，也吃鼠、鸟类、蟹及其他甲壳动物。营巢于高树上，用树枝搭成平台式的巢，内铺绿叶。有趣的是这个蛇雕周围还转悠着几只大嘴乌鸦，当地领队说

它们是要偷蛇雕的卵。大嘴乌鸦（*Corvus macrorhynchos*）俗称老鸦、老鸹，是雀形目鸟类中体型最大的物种之一，成年的大嘴乌鸦体长可达50厘米左右。大嘴乌鸦雌雄同形同色，通身漆黑，除头顶、后颈和颈侧之外的其他部分羽毛，带有一些显蓝色、紫色和绿色的金属光泽。大嘴乌鸦是杂食性鸟类，对生活环境不挑剔，无论山区、平原均可见到，喜结群活动于城市、郊区等适宜的环境。喜欢在林间路旁、河谷、海岸、农田、沼泽和草地上活动，有时甚至出现在山顶灌丛和高山苔原地带。主要以蝗虫、金龟甲、金针虫、蝼蛄、蛴螬等昆虫、昆虫幼虫和蛹为食。分布在奇特旺的是大嘴乌鸦印度亚种（*Corvus macrorhynchos culminatus*）。

再接下来看到的是红嘴蓝鹊，它们在开阔的地上寻觅食物。红嘴蓝鹊（*Urocissa erythrorhyncha*）是大型鸦类，嘴、脚红色，头、颈、喉和胸黑色，头顶至后颈有一块白色至淡蓝白色或紫灰色块斑，其余上体紫蓝灰色或淡蓝灰褐色。这种鸟能发出多种不同的嘈杂叫声和哨声。常见

并广泛分布于林缘地带、灌丛甚至村庄。红嘴蓝鹊性喜群栖，经常成对或成 3 ~ 5 只或 10 余只的小群活动。性活泼而嘈杂，常在枝间跳上跳下或在树间飞来飞去，飞翔时多呈滑翔姿势，从山上滑到山下，从树上滑到树下。红嘴蓝鹊是鸦族的近亲，都有荤素兼容的食性，主要以昆虫等动物性食物为食，也吃植物果实、种子和玉米、小麦等农作物。有时会主动围攻猛禽。

不久后，我们又见到了黑腹蛇鹈（*Anhinga melanogaster*）。黑腹蛇鹈体大，细长，体长约 90 厘米，颈长。黑腹蛇鹈是热带内陆水鸟，颈细长如蛇，嘴尖无喉囊，善于潜水，用嘴当鱼叉叉鱼。游泳时，除头部和颈露在水面外，几乎全身潜入水中，像蛇一样左右摆动身体。用带锯齿的喙刺鱼，并衔之上岸。繁殖期的雄鸟会进行求偶表演，将长尾羽展开呈扇形并向前翘起，故又被不甚恰当地称为水火鸡。

这里除了鸟类，也有不少鳄鱼，都是沼泽鳄。沼泽鳄（*Crocodylus palustris*）成体长 4 ~ 5 米，幼体长 25 厘米；雄性较大。最大个体记录是全长 6.1 米，体重 900 千克。沼泽鳄口鼻部拉长，有一对强壮的颚骨。眼睛有瞬膜和泪器保护，泪器用以产生眼泪。鼻孔、眼睛和耳朵都位于其头部顶部，因此身体的其余部分可隐蔽水下，利于突袭。伪装有助于它们捕食猎物。沼泽鳄栖息于沼泽、河流、水库、池塘等湿地，喜欢在不到 5 米深的浅水区域活动。

在我们返回的途中，从森林里突然窜出几只野猪，它们是野猪印度亚种。野猪（*Sus scrofa*）又称山猪，分为欧洲野猪和亚洲野猪，在全世界有 27 个亚种，亚种间和亚种内核型都有一些差异，但彼此间没有繁殖障碍。野猪的食物通常很杂，只要能吃的东西都吃，包括草、果实、坚果、根、昆虫、鸟蛋、大家鼠、腐肉，甚至也会吃野兔和鹿崽等。野猪冬天喜欢居住在向阳山坡的栎树林中，因为阳坡温暖，而且栎树林落叶层下有大量橡果，野猪要靠它度过寒冬。一旦橡果绝收，第二年春天就会有大量野猪饿死，这也是野猪自然淘汰的规律。紧接着又出现了一群孔雀。

眼瞅着，我们的越野车距离出发的地点越来越近，我正悻悻地觉得没能近距离看到独角犀、有点遗憾的时候，突然在我们左边的森林里出现了一只独角犀。我们所有的人立刻都安静下来，欣赏和跟踪拍摄这头硕大的动物从我们左边的丛林，慢慢踱步穿过不算太宽的黄土路，最后钻进右边的森林里。我长长地舒了一口气：终于让我们满载而归了。

印度犀（*Rhinoceros unicornis*）体长 2.1 ~ 4.2 米，体重 2000 ~ 4000 千克，身上有明显的皮褶，皮上还有许多圆钉头似的小鼓包，好像披着一层厚厚的铠甲，但皮褶之间的皮肤却很细嫩，容易受到蚊虫叮咬，因而它们几乎每天都进行泥浴，清除并防止蚊虫叮咬。印度犀喜欢栖息在高草地、芦苇地和沼泽草原地区。主要在清晨和傍晚觅食草、芦苇和细

树枝等。印度犀被国际自然与自然资源保护联合会（IUCN）列在濒危物种红皮书中。由于偷猎行为屡禁不止以及印度犀的自然栖息地遭到人为破坏，目前世界上野生印度犀的数量大约只有 2000 头，生活区域也被限制在印度北部的阿萨姆邦和尼泊尔的一些地区。

在森林里，我还专门拍摄了白蚁的巢和藤缠树现象。中午，我们结束了在奇特旺国家公园的野生动物观察活动，回宾馆吃饭。回来停车再过河的时候，看到两只恒河鳄和两只赤麻鸭。恒河鳄（*Gavialis gangeticus*）是长吻鳄科恒河鳄属的一种鳄鱼，身体修长，体色为橄榄绿色，上下腭

特别细长，牙齿很尖锐。恒河鳄生活于印度、斯里兰卡、巴基斯坦、尼泊尔的河流、池塘、沼泽以及人工水域中。恒河鳄会挖洞产卵，是鳄中唯一每年产卵两窝的种类，每窝平均产卵 30 枚，是极危物种。赤麻鸭（*Tadorna ferruginea*）体型比家鸭稍大，全身为赤黄褐色，翅上有明显的白色翅斑和铜绿色翼镜；嘴、脚、尾多为黑色；雄性有黑色颈环。它们栖息在开阔草原、湖泊、农田等环境中，以各种谷物、昆虫、甲壳动物、蛙、虾、水生植物为食。赤麻鸭是迁徙性鸟类，每年 3 月初至 3 月中旬，当繁殖地的冰雪刚开始融化时就成群从越冬地迁来。

15 点，我们再出发，这次是专门乘坐独木舟，漫游拉普提（Rapti）河。就在上船的地方，我看到 4 个当地人或坐或蹲、聚精会神地打扑克牌。扑克牌真是有意思，仿佛是国际通用的游戏。我们乘坐的独木舟是用一棵整木中间掏空制成，细细长长，没想到一条独木舟竟然可以装十五六个人。我们

一人一个小板凳，步调一致地面对前方而坐，船夫坐在船尾，撑着竹篙平稳又慢慢地滑行。大家都保持安静，河面上寂静无声，只能听到船夫的划水声和附近的鸟鸣声音。岸边的鸟发出各种叫声，有的还在树枝上梳理着羽毛。行出不远的距离，就发现了第一条鳄鱼，随后是第二条、第三条……有沼泽鳄也有恒河鳄，数量很多，有的还张着大嘴。一般来说，爬行动物都需要这样补充能量：阳光照在鳞片上，鳞片温度升高，血液流过紧贴在鳞片下面的毛细血管时，吸收了热量，从而使体温升高。太阳能在它们的能量来源中占有不小的比例，为了最大限度地吸收能量，包括鳄鱼在内的爬行动物会仔细调整身上鳞片的朝向，当然也包括头上的鳞片。鳄鱼在岸上张着嘴晒太阳，那就是说明它们正在补充能量，而且鳄鱼一般是在阳光下摆出这种姿势。一个多小时的乘独木舟观鳄鱼之行结束之后，船夫把我们送回原处。

我们在距离岸边不远处看到的第一只鸟是中白鹭，中白鹭（*Ardea intermedia*）是中型涉禽，全身都是白色的，只有脚和趾是黑色。它们栖息和活动于河流、湖泊、河口、海边和水塘岸边、浅水处及河滩上，也常在沼泽和水稻田中活动。主要以鱼、虾、蛙、蝗虫、蝼蛄等水生和陆生昆虫、昆虫幼虫以及其他小型无脊椎动物为食。分布于热带和亚热带水域，从日本、中国东南沿海、印度、菲律宾、印度尼西亚，一直到澳大利亚和非洲撒哈拉沙漠以南的广大地区都有分布。

紧接着出现的是侏鸬鹚，侏鸬鹚（*Phalacrocorax pygmaeus*）是鹈形目鸬鹚科的鸟类，是所有鸬鹚中体型最小的。它们全身的羽毛呈深棕色，有着棕色的头，喙的末端有一点弯曲，尾巴长。它们喜欢在沿海地带、湖泊、池塘和三角洲的岸边及出海口低空飞行，嗜好生活在淡水湖、微咸的水域与杂树丛生的植被丰富的灌木和芦苇区，主要以鱼类和甲壳类动物为食。

就在这时，两只黑卷尾落在树枝上。黑卷尾（*Dicrurus macrocercus*）是雀形目卷尾科的鸟类，通体为黑色，上体、胸部及尾羽有辉蓝色光泽。它们栖息、活动于开阔地区，繁殖期有非常强的领域行为，性情凶猛，非繁殖期时喜欢结群打斗。主要在空中捕食飞虫，以夜蛾、蝽象、蚂蚁、蝼蛄、蝗虫等为食。

随即出现在河岸边的是青脚鹬。青脚鹬（*Tringa nebularia*）是鸻形目鹬科的鸟类，上体呈灰黑色，有黑色轴斑和白色羽缘；下体为白色，前

颈和胸部有黑色纵斑。它们栖息于苔原森林和亚高山杨桦矮曲林地带的湖泊、河流、水塘和沼泽地带，以虾、蟹、小鱼、螺、水生昆虫和昆虫幼虫为食；常单独或成对在水边浅水处涉水觅食，有时也进到齐腹深的深水中。

青脚鹬之后看到的是亚洲钳嘴鹳（*Anastomus oscitans*），其体羽呈白色至灰色，嘴呈浅色，较厚，且有明显的弧形缝隙；喙是淡绿的角质色或红色；脚呈粉红色。亚洲钳嘴鹳是一种候鸟，喜欢在沼泽地和沿海滩涂觅食田螺等软体动物。亚洲钳嘴鹳通常不叫，偶尔发出深沉的哀鸣，双喙碰击发出咔咔声。这是一种生活在东南亚热带地区的鸟类，主要分布于印度、尼泊尔、缅甸及越南南部。

在河的两岸，基本上只有两类树：一类是有树叶的，一类是没有树叶的，没有树叶的便是娑罗双树。娑罗双树（*Shorea assamica*）也叫沙罗双树，主要生长在沟谷、河边热带雨林中，在一些地方形成单优势群落。在我眼中，娑罗双树很粗壮漂亮，但拉金跟我说当地人不喜欢这种树，而且是因为宗教原因。我后来搞清楚了，原来，据传说，古时候印度有一条名叫希拉尼耶底的河，岸边长着一片十分高大茂盛的娑罗双树。释迦牟尼 80 岁时的一天，他走进希拉尼耶底河里洗了个澡，然后上岸走到娑罗双树林中。他在两株较大的娑罗双树中间铺了草和树叶，并将僧伽铺在上面，然后头向北，面向西，头枕右手，右侧卧在僧伽上，最后就涅槃升天了。所以，卧佛寺的卧佛就是释迦牟尼圆寂的姿势，而娑罗双树也就因此不受当地人待见了。另外，据记载，释迦牟尼当年在娑罗双树之间圆寂，东西南北各有双树，每一面的两株，树都是一荣一枯，称

之为“四枯四荣”。在佛经中东方双树意为“常与无常”，南方双树意为“乐与无乐”，西方双树意为“我与无我”，北方双树意为“净与无净”。茂盛荣华之树显示涅槃本相：常、乐、我、净；枯萎凋残之树显示世相：无常、无乐、无我、无净。释迦牟尼佛在这八境界之间仙逝，意为非枯非荣，非假非空。

大约一个小时后，我们的独木舟之行结束。刚上岸，拉金就跟我说，好像有一头犀牛要过河。大家仔细看了半天，只有我隐约看到有一个动物在河里蠕动，透过我的 2000 毫米焦距的相机一看，果然是一头独角犀。照片中独角犀的颜色很苍白，原因就是距离太远了。

随后，拉金带我们去看人工饲养的大象。有成年的大象，也有幼年小象。拉金给孩子们展示大象的食物，那是用树叶包裹的粮食和糖，看起来像粽子一样。我注意到，成年大象的脚上是有铁链子的。就在我们观看的过程中，工作人员在象舍附近点燃了干草，顷刻间，烟雾弥漫。拉金解释说这是为了熏蚊子。忽然，我发现一大一小两头野猪出现在象舍附近，看样子是要寻觅点吃的。

Day 5

抵达博卡拉

一大早，我走出宾馆的大门到门外溜达。宾馆的门口是一尊孟加拉虎的塑像，我注意到早晨有人在塑像前献了鲜花。

孟加拉虎（*Panthera tigris tigris*）又名印度虎，是目前数量最多、分布最广的虎的亚种。1758 年，孟加拉虎被瑞典自然学家卡尔·林奈定为虎的模式种，西方的动物学者后来在尼泊尔奇特旺国家公园称重的雄虎平均体重 210 ~ 215 千克，雌虎约 130 千克。孟加拉虎喜欢在夜间捕食，主食为花鹿、水鹿、印度黑羚、印度野牛和野猪，有时会爬树捕食灵长目动物。在尼泊尔的奇特旺国家公园，孟加拉虎的猎物里花鹿占 27.8%，水鹿占 15.3%，豚鹿占 13.5%，赤麂占 6.4%，野猪占 10.8%，豪猪占 2.7%，兔子占 6.6%，长尾叶猴占 16.9%。孟加拉虎主要分布在印度和孟加拉国，它也是这两个国家的代表动物。其次分布在尼泊尔、不丹、中国和缅甸。

野生的孟加拉虎的数量有三四千只。由于孟加拉虎的活动范围和食物大大减少，导致孟加拉虎吃人事件频繁出现。

我刚拍摄完孟加拉虎的塑像，就看见一个

象夫骑着大象从宾馆门前走过。

刚过 7 点钟，我们开始驱车上路。几天的劳累，使得我在车上呼呼大睡。行至途中休息和上厕所的地方，有一个炸鱼的小哥，远远地就可以闻到浓浓的香气。他的生意看起来很红火，好几个人在排队。

在这里，我们还看到一个当地人在不大的田地里放牧两头黄牛。在印度和尼泊尔，牛被当作神灵受到崇拜。在印度教的动物

崇拜中，“神牛”受到特别的崇拜，但不是什么牛都可以充当“神牛”角色的，只有放生的母黄牛才行，而水牛没有资格享受“神牛”的待遇。牛之所以被认为如同神，是因为它全身都是宝，既能当畜力使用又能产出牛奶供养人口。印度和尼泊尔是季风气候，雨季过后土地十分湿润无法耕种作物，而犁平地面光靠人力是无法搞定的，因此牛就发挥了无可取代的重要作用。

大巴车继续行驶。在车里，拉金给我们讲了博卡拉雇佣军的故事，大致意思是：博卡拉年轻人愿意被招募到英国当兵，原因是工资很高；而这里的年轻人打仗很英勇，也很受英国军队欢迎。事实上，2014 年，史春树先生曾经在《青年参考》中写过这样一篇文章：《当英国雇佣兵，尼泊尔青年的金饭碗》。在如今的尼泊尔，加入英军外籍兵团已非年轻人出人头地的唯一捷径。话虽如此，丰厚的物质待遇和充满新奇感的异国生活，仍让这份工作保有可观的吸引力。事实上，尼泊尔真正盛产雇佣军的还不是博卡拉，而是廓尔喀。廓尔喀人是尼泊尔一个山地民族，身材不高，但体魄健硕，吃苦耐劳，英勇善战。尼泊尔境内 80% 是山区，廓尔喀人自幼在坎坷的山路上行走，练就了一双“铁脚板”。他们性格强悍，身体健壮，特别善于山地战和近战。他们特别喜欢佩戴“戈戈里弯刀”，据说这种弯刀一经拔出就必须见血，这也成为廓尔喀雇佣兵的标志性装备。19 世纪初，英国入侵尼泊尔，尼泊尔王国的廓尔喀战士奇袭了克什米尔和不丹。英国人以 3 万人对付尼泊尔 1.2 万人，经过两年的浴血奋战，尼泊尔实现了和平。廓尔喀兵宁死不屈的勇猛精神得到了英国人的敬佩。之后，英国与尼泊尔签订条约，享有招募廓尔喀兵的特权。从此，廓尔喀雇佣兵开始走向世界。尼泊尔是世界上最贫穷的国家之一，人均年收入仅为 240 美元，而廓尔喀雇佣兵的年薪却有 8500 美元。除了丰厚的薪水外，廓尔喀雇佣兵每两年有一次探亲机会。每次回去，他们都受到王子般的尊敬，是备受欢迎的求亲对象。

中午，我们的巴士到了博卡拉，午餐是在一个叫“小飞”的中餐馆吃的，大家都觉得很一般，WiFi 也不好。不过，他们房子里悬挂的一个个装满水的塑料口袋倒是引起不少人的好奇。一问，说是防昆虫的，因为昆虫看到袋子后会发现有一个更大的虫子在眼前，就吓得跑掉了。我是第一次听说这个道理，也不知是否灵验。在“小飞”餐馆楼下的围巾店里，大家买了不少围巾。有标注羊绒的，也有标注“藏羚羊”绒的。如果真的是后者，一般都是屠杀藏羚羊才获取的，建议大家不要购买。

吃完饭，我决定坐在门口晒晒太阳。一个卖水果的当地妇女走过来，问我要不要买她的橘子。我微笑着摆摆手，她却笑呵呵，但无论如何不肯走地纠缠我，让我购买。我觉得好玩又好笑，坚持不买，也想看看她到底有多坚持。谁知道，她竟然坚持了至少有 10 分钟，而且还有一个当地卖铃铛的老汉为她说情，我为她的毅力所感动，买了几个，跟中国的价格也差不多。

随后，我们驱车入住弗巴瑞度假村（The Fulbari Resort ）。度假村以喜马拉雅山脉为背景，俯瞰塞蒂河峡谷（Seti River gorge）的 9 洞高尔夫球场；花园很大，环境优美。在房间里休息了一会儿，15 点钟，我们再乘车去费瓦湖划船。费瓦湖是尼泊尔的第二大湖泊，面积约有 6 平方千米。湖边有色彩鲜艳的小木船。 在任何时候，从任何角度都可以感受到费瓦湖的宁静，傍晚的时候对面的安娜普纳雪山金色的落日照耀在湖

水中，躺在岸边或坐在小舟里，慢慢享受这旖旎的湖光山色。费瓦湖北岸就是景区的中心，大部分的旅馆和餐馆都沿湖滨而建，称为湖滨区，同加德满都的泰米尔区一样，是当地外国游客的聚集区。泛舟费瓦湖应该是每位游客必经的行程，半躺在船里，任船工将船荡来荡去，享受湖光山色和一种远离尘嚣的宁静，真是神仙一样的日子。

40

给我们划船的小哥只有 17 岁，稍微有点腼腆。划到湖的中央，我们登岛。岛上有一个小寺庙，还有很多家鸦。家鸦（*Corvus splendens*）体大，有点像小嘴乌鸦但有暗灰色颈环，嘴巴较短，喜欢结群，在郊野及村落极有限地区栖居，翻拣垃圾堆找食或在农耕地上取食。

17 点多，划船活动结束，我们在博卡拉的中心地带溜达。这里很多东西真的很便宜。我花 80 元人民币买的 North Face 裤子，60 元人民币买的上衣，在国内至少要翻上两三倍。究其原因，尼泊尔目前的劳动力成本比国内便宜很多。

Day 6

雪山日出与滑翔伞

4 点 40 分，我们就被叫醒。5 点 5 分，部分团队成员登车出发，到雪山上看日出；其他成员因为不太相信今天会有好天气，决定睡到自然醒。

巴士车在漆黑的夜晚行驶，我在车上昏昏欲睡。过了不知多久，我们到了一个名叫萨兰科特（Sarangkot）的地方，这里海拔 1500 ～ 1600 米，我们开始爬山。爬了一二十分钟，我们登上一个高台，上面有一些好像

是卖纪念品或者开餐馆的人摆的塑料椅子。只有一个人到得比我们早，大家于是抢占了最有利的地形。

东方逐渐开始放亮，上来的人也逐渐增多起来。忽然上来几个白人，一聊天，说是波兰人。几个人搬椅子坐在我身后，其中一个老太太总是不消停。坐了一会儿，可能是觉得自己的位置不是很有利，竟然要求大家都把椅子撤了。我回头看了看她，心想你怎么这么不知天高地厚啊。

大约过了半小时，太阳开始升起，就在我们正前方；而安纳布尔纳山脉和鱼尾峰在我们左侧，山尖被阳光照耀着，醒目、辉煌。初升的朝阳将包括鱼尾峰在内的安纳布尔纳山脉的六座雪峰映照成金色。抬头是

朝阳映照雪山，脚下是朝雾下的人间。此情此景，十分壮美和富有诗意。鱼尾峰是安纳布尔纳山脉中一座海拔6607米的山峰，山势峭拔，状似鱼尾，被称为是最壮观的雪峰之一。

太阳越来越亮，看日出的人逐渐散去。我们有四个人留下，喝咖啡、拍照。等到9点半，车来接我们去滑翔。开车大约半个小时，我们到了一个山坡。我们开始滑翔。我本来想选择一个新的滑翔伞，结果他们队长说要我跟他。我们跑了一次，没成功。重新整理滑翔伞。跑了第二次。

我的体重使得滑翔伞先是下降，随后才慢慢升起。滑翔了大约 25 分钟，我没忘记唱“我要飞得更高……”。

俞辰悦同学这样记述她本人的首次滑翔伞经历：博卡拉的滑翔伞是尼泊尔著名的冒险运动，紧张刺激又好玩的滑翔伞是我这次旅行中最刺激的一个项目。旅行的第五天下午，我们来到滑翔伞起飞的地点，原以为会是个平缓绿草地的我们被吓到了，那里十分陡峭，下面就是万丈悬崖，看了直叫人腿软，不过视野开阔，风景很美。我的滑翔伞教练名叫

Max，他告诉我，下去的时候一定要跑起来，这样才能借助风的力量让我们飞起来。可当我换好那些笨重的滑翔装备时，却发现连走路都很困难，更别提跑步了。果不其然，我刚跑了两三步，就被这笨重的装备绊了一跤，Max 让我站起来退回到起点，等着下一阵风。看着伙伴们一个接一个地飞上了天，我既期待又紧张。终于轮到我了，Max 带着我一起冲向了万丈悬崖。这次可没有再摔倒，我们跑到了悬崖边，Max 用脚一蹬地，我们就轻飘飘地飞上了天空。一阵阵凉风在我的脸上拂过，那种清凉的感觉真令人舒服，俯视辽阔美丽的大地，仰望高耸入云的山脉……过了一会儿，Max 问我："你喜不喜欢刺激的事？比如过山车。""当然！"我兴奋地大声回答。于是他用力控制滑翔伞，将滑翔伞向右倾斜，我多少有些害怕，双手紧紧抓住两边的链子。过了片刻，滑翔伞又向着左边倾斜，我心里的害怕逐渐变成了爽快和兴奋，在向两边倾斜的过程中，我们也在一点一点地下降。原以为着陆时双腿会受不了，没想到却非常轻巧地落到了地上，没有丝毫的感觉，轻盈的像只鸟儿。我从小就希望有一对翅膀，像鸟儿一样自由地飞翔，这次在尼泊尔的博卡拉实现了一半。

滑翔伞起源于20世纪70年代初的欧洲，当时，一些登山者从山上乘降落伞滑翔而下，体验到了一种美好的感觉和乐趣，从而创立了一个新兴的航空体育项目。最初的滑翔伞是借鉴于飞机跳伞使用的翼型方伞，它主要以下降为主，下降速度快，安全性能好。滑翔伞通常主要由翼型伞衣、伞绳、背带系统和操纵系统四大部分组成。为便于滑翔伞的保管、携带与运输，每具滑翔伞还配有一只背式包装袋。

最近一两年，越来越多的中国游客来尼泊尔旅行，在安纳布尔纳山区徒步结束或者开始前，很多人都会乘坐一下滑翔伞，翱翔于蓝天之间，俯瞰费瓦湖以及安纳布尔纳群峰，既刺激又清新，既能展现勇敢无畏，又能看到不同的风景。但并非所有的滑翔伞公司都是正规的，有些中国游客图便宜，雇佣相对非专业的滑翔伞人员，导致事故比例明显上升。

吃完饭，我们去登山——世界和平塔。路上遇到几个当地的孩子，他们有礼貌地跟我们打招呼。没想到，我登山的速度竟然最快，第一个到了塔上，等待其他人。我们在塔上逗留了半小时，开始下山。世界和平塔是矗立于费瓦湖南面山顶的一座白色钟形塔，建成于世纪之交的 2000 年。这里景致绝佳，除了可以看到背面的安纳布尔纳雪山外，还可以俯瞰山下的费瓦湖的秀美风光，是观雪山和日落的好地方。博卡拉旅游区出售的许多明信片和风光招贴画就是从这里拍摄的。这座白色的佛塔由尼泊尔、泰国、斯里兰卡与日本四国合资兴建，佛塔的四面各有一座金色佛像。广阔的费瓦湖、湖区密密麻麻的房舍，完整地映入眼帘，而当天气晴朗时，还能欣赏到远方的雪山景致。

15 点多抵达城市，原本想回酒店，但巴士车似乎不好安排，我们于是在城市里逗留，寻找一个餐厅吃了一份冰淇淋。18 点半在詹大师家吃饭，随后回到酒店，准备看自己滑翔伞的照片，结果电脑被搞坏了，好在后

来借用了酒店的电脑，才看到了照片。

在酒店，我们跟中途单独活动了两天的王礼强博士会合了，他给我们讲述了两天来奔赴释迦牟尼诞生地——蓝毗尼的奇特经历：在尼泊尔旅行的第五天，我和团队的其他成员分道扬镳了。费了不少周折，抵达蓝毗尼，一个当地人过来和我聊天。他就是我在蓝毗尼结交的第一个朋友 Kumwar。Kumwar 提出明天带上司机，陪我游览一番。下午还有时间，我打算骑自行车转转，却没考虑到这里的路况，灰尘太大，骑了半小时就灰扑扑地回来了。

次日早上，Kumwar 派了一辆福特车来接我。先去了万国佛寺，这里将陆续建起来自 42 个国家各具特色的寺庙群，目前建好的有 20 多座，我都一一拜访了。转眼中午已至，前往 Kumwar 家里做客。他自 17 岁父亲去世，就成了家里的主事人，能力不小。近百岁的祖母身体还硬朗，我递给她一支烟，她很欢喜。没有见到 Kumwar 的妻子和刚出生的孩子，我还是按照当地风俗，包了 300 元人民币的红包给小孩。他母亲很高兴，虽然值花甲之年，但是风采不减。Kumwar 家信奉印度教的爱情之神。他的妻子是印度人，这两天回娘家去了。他还有一个妹妹，真的是温柔善良，会讲印度语和尼泊尔语，英语讲不好，高中之后就没有继续读书了，一心帮助哥哥料理家事。父亲去世时，嘱咐他把妹妹嫁好，所以 Kumwar 还有责任待尽。尼泊尔习俗里，嫁女儿要陪嫁，女人不需要外出工作，就是养孩子理家。

Kumwar 家就在蓝毗尼园旁边，他有心利用院后的 10 多亩地，建一个可以接待两个团、有 35 间房的宾馆。中国正在蓝毗尼投资建设国际机

SILENCE!
SILENCE!

场，有一条通往机场的主路，正经过他家不远处。待他把门前的路拓宽，便利的交通就有了。他看好蓝毗尼的发展。饭后，我们驱车前往距离蓝毗尼 40 多千米的一个镇上，游览释迦牟尼父亲的宫殿遗址，碰到一个正在作业的考古团队，队里的摄影师正是 Kumwar 的朋友。他带我仔细察看了古遗址。他说很高兴为我服务，言明第一次看见我这样的中国人：大大的微笑又健谈，看其他的中国人都是绷着的严肃脸。他告诉我几件有意思的事。现在考古仪器日益发展，在地面就可以探查出地下的情况，有没有水，或石头、砖块等。像他们这样的行家里手，仅通过砖块的大小，就知晓出产的年代。年代越久的，砖块越大。3000 年前，还没有砖块时，人们用的是夯土。看他们挖掘现场，不同年代使用的砖瓦，就可以看出时间线来。我知道古时制作砖块里面要加大米等粮食作为黏稠剂的，他就说我真是个行家，跳进挖掘场地，给我拿上来一个砖块，砖里面就有老的稻米。在春秋战国的时候，我们也是加糯米之类的，不同的是我们烧出的是青砖，尼泊尔是红砖。他教我认识寺庙旁的很多树，各种名称的。我就非常想知道，这些树有可以存活几千年的吗？他坦言没有。菩提树只能活 200 年，但老死的时候一定有一棵小菩提树从旁长出来。那这新生的菩提树到底是老树的根发展出来的呢，

还是由果子发育而成的呢？他也说不清。最长寿的树叫body tree——“生命树”，是印度教最崇拜的树，能活300年。一般生命树旁都会搭个小房子，供人求子祭拜。如果得偿所愿，就捐个小木象。我看到的这棵生命树旁的小庙里，大概有20个小木象。象大小不定，但凭个人意愿。在蓝毗尼，象寓意子。传说，佛陀的母亲——摩耶夫人和国王婚后10年无子。有一天，摩耶夫人做了一个梦，有一头大象钻进了她肚子里，不久就怀孕产下了释迦牟尼。为什么要在生命树下祭拜呢？除了寿命长，生命树的根系十分发达，肉眼所见就蜿蜒伸出去五六十米。另外这里地下水系发达，挖出的喷泉都射得很高，有暗河，想来必是通向喜马拉雅山脉。

走走停停，相谈甚欢，相邀一起喝了杯咖啡，就惜别了，因为我和Kumwar得回酒店见另外一个朋友。Kumwar宴请蓝毗尼万国佛寺的总策划师，也是当地佛学院的教授Dr.Rai，他做博士时就研究佛陀，送给我一本著作，我看上面刊载的照片好像年轻时候的自己，就称呼他brother。我说他一定和我一样有蒙古血统。他说还真是兄弟。我说起刚入住这家酒店时，大厅悬挂的一幅法轮图太让我注目了。它是中间三种颜色，周边环绕八种变色。Dr.Rai讲这个佛教的法轮图，早在3000年前，是这片土地上一个国家的国徽，佛教里也叫三元八戒。佛家的核心就是三元八戒。

Day 7

活女神与泰米尔

一大清早，就要离开美丽的博卡拉了，我恋恋不舍地到院子里踱步。几只黑喉红臀鹎在枝头叽叽喳喳地叫着，好像是在为我们送行。黑喉红臀鹎（*Pycnonotus cafer*）为鹎科鹎属的鸟类，俗名黑头公、红臀鹎，头黑，具羽冠，尾下覆羽绯红，尾上覆羽近白。它们栖息于开阔山坡、平坝的次生阔叶林、灌木草丛等地。3~5 只或 10 余只为群，多在果树上觅食昆虫。

7 点 30 分，我们开始出发，大巴车刚开出十多分钟，拉金接到电话，一个房间落了一部手机。我有点不高兴，因为我出发前接连三次提醒大家想想是否有东西忘在房间里。而且我们要赶回加德满都拜谒活女神。但是，没办法，我们只能停车，拉金拦住路上一个行人的摩托车，请对

方带自己到宾馆取手机。大约耽搁了近半个小时，拉金带回了手机，我们继续赶路。

中间停车休息，我们买了很多份炸鱼，我还买了一听啤酒。中午，我们在上次吃自助餐的店里吃午饭，有的人吃中餐，有的吃印度餐。快速吃完饭，大巴车继续赶路。就在距离加德满都只有 30 千米的地方，堵车了。我们到前面了解情况，原来是一辆大车超重、没油了。那辆车上的人拎回来一桶油，但还是打不着火。不久警察来了，前前后后折腾了一个多小时，车终于点着火了，我们继续赶路。

加德满都堵车，我们直奔“活女神”的寺庙——杜巴广场。寺庙不大，我们等了几分钟，“活女神”的妈跟拉金协调了一下，“活女神”露头了，不可以拍照，大约半分钟的样子，我们可以祈

祷。尼泊尔“活女神”在尼泊尔被称为库玛丽（Kumari，意为处女神），由初潮前的处女担任，其历史可以追溯到 16 世纪的马拉王朝，后被沙阿王朝继承，一向受到印度教徒和佛教徒的共同崇拜。尼泊尔上至国王，下至百姓，对“活女神”的崇拜都很虔诚。根据印度教圣典，女神是难近母智慧女神的化身，亦是力量神的象征。“活女神”被人们相信是印度王权和庇护的神源，也是其教徒的精神支柱。尼泊尔历代国王为维护自己的统治，每逢 9 月 26 日左右的女神节都要亲临现场，虔诚地接受“活女神”的祝福。“活女神”也在给国王点红时将其至高无上的神力传授给国王，否则就有可能遭遇灾难。人们认为，“活女神”能保佑尼泊尔国王和人民，给人们带来和平和繁荣。

随后，大家步行去吃饭。这又是一个地道的尼泊尔餐厅，晚餐期间有更好的载歌载舞表演。

吃完饭之后去了泰米尔步行街，我是什么都不买了，只是闲逛。泰米尔区是世界各地游客的集中地，云集了旅行社、旅馆、各国风味餐厅、工艺品店、书店、外汇兑换店等游客设施，在这里可以买到各种尼泊尔民族特色的手工艺品以及登山、徒步装备。泰米尔区，顾名思义是泰米尔人生活的区域，泰米尔人是来自南亚次大陆的民族之一，有记录的历史几乎有2000年。泰米尔人通常个子较矮，肤色较黑，头发卷曲、黑而浓密，鼻子小、扁平，嘴唇厚。泰米尔人长于建筑、青铜雕塑，以及表演古典舞蹈和民间戏剧。

Sales and Ticketing Office
Thamel, Kathmandu
Yeti Airlines
MELANGE
TOURISM TRAVELS & ADVENTURE (P) LTD.

Nepal Mountain Trekking
Raspa Nepal
Travels & Tours (P) Ltd.
Italian, Indian, Continen

回到宾馆，已经是 21 点钟，有印度人在这里结婚，似乎还闹了矛盾，持枪的警察都来了。等一切都折腾完，已经是 23 点多了。

Day 8

再见，加德满都

吃完早餐，我在院子里溜达，最后感受一下加德满都的阳光和空气。这里的不少地方都摆放着金盏花，这让我一瞬间悟出了尼泊尔的文化：金盏花的花语是救济，凡是受到这种花祝福而生的人，非常母性化，洋溢着能包容一切的温柔光辉。

随即，我又看到一串建筑物上的风铃。风铃是指可以在风吹动的情况下，发出声音的物品，多用来作为饰品。其可在风的吹动下，通过各个铃铛或其他物体的碰撞来发出声音。风铃常见于佛教塔寺檐角建筑中，有一首《风铃偈》这样写道：浑身似口挂虚空，不论东西南北风，一律为他说般若，叮叮咚咚叮叮咚。所谓“叮叮咚咚”是为演说苦、空、无常、无我的佛理。不过，与《风铃偈》相比，汪峰的歌曲《加德满都的风铃》

似乎更能引起我的共鸣：

就像我们都未曾见过的

那串加德满都的风铃

它不在这里　它无处可寻

可它在我们心底挥之不去

……

再见了，尼泊尔的金盏花；再见了，加德满都的风铃！

三亚水上运动

2017 年 7 月 22 日。今天是参加潜水活动的同学集合的日子。上午，我带着杰夫跟中潜公司的张教练会合，然后驱车到三亚机场。第一个接到的是来自成都七中的段旻希，她上一个暑假跟我一起去了肯尼亚，是一个优秀的女学生。第二个接到的是季鑫泽，他是本次潜水活动中最小的团队成员——小学五年级。后来我才知道，他妈妈是我在华东师范大学时的同事。我们四人随同张教练的车从机场返回三亚市区，入住三亚国际酒店，等候其他同学的陆续抵达。下午，另外几位同学先后入住同一个酒店，他们分别是肖辰熙、李厚德、皮立声、赵晨旭。

Day 1

三亚印象

来自山东的赵晨旭这样描述他对三亚的第一印象：初次来到这个被称为阳光之城的城市，心中激动万分。在来之前就听说：三亚是个被大自然宠坏的地方。这里不仅有蓝天碧海的沙滩，还有风情万种的风土人情，简直就是东方的夏威夷。今天来到这里，我还认识了几位新朋友，有幽默风趣的教练，也有调皮捣蛋的同学。

来自安徽合肥的李厚德的感受差不多：当我抵达三亚的时候，天空阴云密布，豆大的雨滴砸落在地面上，溅起了一个个小水花。出了机场，我看到了专门前来接我去酒店的张教练。他向我挥了挥手，示意我过来。我跟着张教练上了车，在车上，我观察了张教练一下，发现他十分年轻，大约 20 岁，却长得精明能干，两只眼睛炯炯有神，皮肤呈现出健康的古铜色，一看便知是长期生活在三亚晒出来的。一路上，我和张教练聊起三亚的风土人情，不知不觉就到了我将要入住的酒店——三亚国际酒店。这个酒店楼房的外面已经有些褪色，里面却非常明亮、干净、整洁，房间宽敞，床单洁白干净。

16 点钟左右，我们乘两辆车到中潜公司所在地——一所别墅，看视频，学习潜水的理论课。赵晨旭写道：我以前从来没有接触过潜水，准确地说我几乎都没碰过关于水的运动，我对潜水既好奇又畏惧。看了教练给我们放的关于潜水的视频后，我开始对潜水这项运动想入非非，那个视频勾起了我对潜水的好奇，我脑海中突然涌出一幅画面：自己带着潜水装备，和几个好哥们在蔚蓝的天空下，在倒映着满天白云的大海中畅游，那是多么畅快的享受啊！

18 点钟，看完视频后，我们集体到三亚国际酒店楼下一个叫九毛九的餐厅吃饭。孩子们在一起吃饭，自然是热闹得很，而且有的吃得快，有的吃得慢。两个年纪最小的男生很快就吃完了，说想回去；两个女生也说吃完了，想回去。于是我就请两位女生陪同两位小男生一同回去。结果，几分钟后，微信里传来了段旻希的信息："他们两个小男生疯一样的跑了。"紧接着又是肖辰熙类似的信息。我还没来得及回复，段、肖两位同学告知：到两位小男生的房间核实过，他们进房间了。

Day 2

潜水理论课

7 月 23 日早晨，我 7 点多钟就在微信群里招呼大家吃早餐，顺便看看谁起床了，结果是两个男生的房间没有回复。快到 8 点了，我到四楼的前台，请服务员分别给两个男生的房间打电话，竟然还是没有回复。我只好请他们拿了两个房间的房卡，到两个房间去检查，结果发现两个小男生竟然不在了，两个大男生则是刚刚醒来。等我再到四楼餐厅一看，两个小男生竟然像模像样地在吃早餐呢！

8 点 30 分，按照约定的时间，张教练跟我们会合，大家再次驱车来到中潜公司，上理论课。整个上午，大家都在学习书本上的潜水理论课，学习得都很认真。中午吃的是相对简单的盒饭，随后继续上课。我由于

无事可做，张教练让我到楼上的房间休息。杰夫昨晚准备得充分，很快就将题都答完了，跟我会合。16 点钟，大部分同学一次性通过了理论部分的笔试。17 点钟，所有的同学都通过了考试。 中潜公司的黄校长跟我见了面，随后和张教练一起把我们送回酒店。张教练原本还想在九毛九吃饭，但大多数同学表示想独自活动。我和张教练简单商议后，同意大家小团体分头吃饭，回头将钱补给大家。我能理解，现在的孩子都有个性和自己的喜好，这不是坏事，需要得到尊重。杰夫带着两个年龄最小的同学吃肯德基，另外四个年龄大一点的学生足以照顾好自己，我则是一个人要了一碗面。

关于今天的活动，赵晨旭同学这样写道：今天是我自上高中以来过得最有意义的一天，说实话，自打上了高中以后我都没有像今天这样全身心地投入到学习当中过。本来以为，潜水理论课只不过是告诉我们一些要领和水中的注意事项就可以让我们独自去水中畅玩，现在看来，我当时的想法真是天真。潜水，它不是单纯的一项娱乐，它是一种精神，这种精神是我通过今天的学习而感受到的。一个人想要独自潜水，那是不可能的，因为这当中遇到的突发状况太多，你自己根本应付不过来，所以这就体现出了一种团队精神。想要潜好水，一个人的力量是不够的，需要的是团队的力量，你的潜水队友就是你的左膀右臂，你们不仅要相互协作，还要互相支持。要知道在水中你能依靠的只有你的队友，你对队友的信任要超过一切，这就使我对敢于潜水的人刮目相看。我打心底里佩服这样的人，能把自己的一切交给队友，这又何尝不是一种勇气呢？所以我决定，从今天开始好好练习潜水，争取将来我也可以变成这样有勇气的人，我不会比他们差到哪里去，绝对！

季鑫泽是这样描述今天的理论考试的：虽然昨晚我复习过，但是知识点太多，再加上书上全都是繁体字，看得我头晕脑胀，因此我只复习了一个单元就放弃了。去往考场的路上，我简直坐立不安，心想：昨天真不应该轻易放弃，万一由于我的原因考试通不过，该多丢人！也许我将不能跟伙伴们一起参加后面的学习了……正当我胡思乱想时，车子已经把我们带到了潜水学校。接下来的理论课上，教练给大家讲解各种潜水方面的知识，只是这些课程远远超出了我的认知能力，我只能胡乱地把它们“塞”进我的脑袋。不知不觉间，检验学习成果的时刻到来了。我拿到题目，仔仔细细地看了一遍，发现只有第一单元相关的内容记忆最清楚，其他题目只能根据自己的理解去选择最合适的答案了。考试结束后，我忐忑不安地把试卷交给教练，看着他在批改，我的心一直悬在嗓子眼。“错 14 题，压线通过。”“Yes！”

段旻希的感觉也不轻松，她这样写道：直到上了潜水理论课才发现没有想象中的简单，教练讲述了很多操作不当导致的危险，包括一些大部分人所谓的常识其实都会造成伤害，严重的还有可能造成不可挽回的后果。其实我有点被吓到，但随着课程深入，了解解决方法后才发现潜水是一个只要所有人都做好自己的那一部分，就会是一个非常有趣的体验。刚开始上课时小朋友都没有当回事儿，甚至在教练提问到如果自己的装备坏了以后你会怎么做时，小朋友居然回答的是把别人的也弄坏。这样带着玩笑的说法受到了教练的指责。课程中我们学到，潜水时很重要的一部分是和潜伴一起协作，互帮互助确认环境，在有必要时还会共用氧气，在水中任何一方出现问题都需要重新返回水面继而不再进行操作，这是一个必须由两个甚至多个人共同完成的任务。这一天遇到了很多困难，特别是那些与我所知的东西相反的知识，需要一些时间来调整，比如上升的时候需要给装置泄气而不是充气，教练十分细心地指出这些问题并教给我们良好的记忆方法。漫长的学习也让许多人都感到难受，毕竟做题和考试大概是学生最抵触的事，但大家都积极努力地去完成它，第一次考试没有过的同学也经过自己的努力通过了二次测试，顺利度过了在行程上看起来最无聊的一天。明天就要在泳池里实验这些现学的知识了，希望留下一个美好的体验。

Day 3

游泳池里学潜水

7 月 24 日，我们依旧是 8 点 30 分集合，张教练把大家接到中潜公司的别墅区，前面不远处就是一个游泳池。由于事先没把所有的设备都准备好，几位教练去搬运设备，孩子们便无聊地到处闲逛。我等了一会儿，担心孩子们散了心，就督促张教练能否尽快给孩子们讲授今天的课程。于是张教练安排李教练给孩子们在游泳池边讲解潜水的设备。我则是坐在后面的台子上旁听，给孩子们拍拍照片。讲完了第一部分，中间休息时，张教练有点小神秘地把我叫到旁边，吞吞吐吐地跟我说能否不打扰学生们上课。我立刻明白了，我的在场难免让孩子们分心，便爽快地答应了。于是，我便回到酒店房间里处理我自己的事情。

中午吃的是盒饭。随后，14 点钟又开始了下午的课程。大约 15 点钟，天气预报里告知的台风准时抵达。教练在微信群里解释道：因为有雷电的缘故，必须停止，请大家尤其是家长们理解。其实，面对天气的变化，教练可以全权决定课程的安排，没有人会、也没有人可以提出异议。好在暴雨的时间不算长，雨停了之后又开始了授课。我偶尔地去观摩一下，也看看孩子们的状态。

赵晨旭这样记述这一天的活动：清晨的第一缕阳光照耀到我的脸上，我睁开朦胧的双眼，我知道，这将是我来到三亚这三天以来最有意义的一天。我终于可以真正地接触到潜水了，之前的两天学习了那么多关于潜水的知识今天终于能够派上用场了。我顿时心潮澎湃，睡意瞬间消失得毫无踪影，我压抑住内心的喜悦，以最快的速度洗漱和吃完早饭，就匆匆忙忙地去四楼和队员们集合。随即，教练开车把我们带到训练场地，我认识了我的游泳教练。这也是一个幽默感很强的教练，他说话非常有意思，很容易调动起全员的气氛，使本来沉闷的学习气氛顿时变得欢快起来。一开始教练先教我们组装潜水用的装备，然后又让我们把组装好的装备带到水中去，开始教我们如何去正确地运用这些装备，让我们能够用这些装备在水中自由地遨游。从始至终，我都是以一颗激动而又快乐的心去听去理解。功夫不负有心人，我把教练说的大部分要领都基本掌握了，虽说还有些生疏，但我相信，以后只要用功练习，一定能够熟能生巧。我希望能尽快地把这些要领都掌握牢固，为了很多人对我的信任，也为了我自己，我要成为一名能为自己的梦想而去打拼的人，所以，努力！加油！

皮立声对当天活动的记述是这样的：记得教练说过，学习潜水的过程很艰苦，但这一切都是非常值得的。当你掌握了这项技能时，便能体会到其中无穷的乐趣，它所提供的训练让人能够探索水底世界的神秘和美丽，逃离日常生活的繁忙，潜水赋予人信心、勇气和激情，进而改变人们的生活，还有什么可与之相比？第一次穿戴水肺潜水的感觉是很奇妙的。大多数潜水员都难以忘怀第一次在水底呼吸的经验，那好比开启了一扇通往不同世界的大门。水底的感受和见闻是无与伦比的，只有你自己知道水肺潜水哪一点吸引你。追求探险吗？潜水是世界上最冒险的活动之一。热爱大自然吗？原始珊瑚礁的生物丰富性和多样性是其他环境望尘莫及的，甚至湖泊或随便一处水源中，也充满了引人入胜的生物。探索的念头驱动着你吗？即使在最多人探访的潜水地点，你还是会看到大多数人从未看过的事物，去到他们从未去过的地方。今天，我们在游泳池中练习基本的水肺潜水技巧。在这个阶段，我们从最基本的准备潜水器材学起，一直到如何在水底轻松地排掉面镜里的积水而不必上升至水面等技巧。下午，滂沱的大雨给我们带来了一种别样的氛围，在雨中“游泳”是一件多么惬意的事，这也算是提前感受一番不同天气中的训练体验吧。

季鑫泽的感受是这样的：我早早地就起床了，兴奋地在房间里走来走去。再过一个小时，教练就来接我们去学校上潜水实践课了。好不容易挨到8点半，我和我的潜伴们兴奋地上了张教练的车，一路上，我们聊得不亦乐乎。到了潜水俱乐部，在那里等候我们的四位教练立刻带我们去选装备。郑教练给了我一个装备袋，我把蛙鞋、潜水鞋、潜水衣、BCD和调节器塞了进去，然后提着包，来到了训练场——泳池。在岸上，教练先教我们如何组装装备。他拿了一个气瓶，然后把BCD装了上去。接着，他把转接头安装到气瓶口上，最后打开气瓶，这样就大功告成了。教练让我们组装再拆下来5次。这很简单，我脑海里一边回忆着教练的示范动作，一边组装，很顺利地便完成了。装气瓶没那么难，但如果装错了在水下会对安全构成威胁，所以组装时必须要细心。学会了组装潜水装备，我对接下来的训练充满信心，我仿佛已经看到自己像一条灵活的小鱼，在大海里自由自在地穿梭。

18点30分，天黑了，孩子们的授课终于结束了。我询问他们感觉如何，有说腰快要断了的，有说好累的……总之，看起来都累得够呛。收拾完设备，大家洗漱、吃饭。晚饭是黄校长亲自下厨，做了很多虾和烤肉，孩子们吃得不亦乐乎。就像皮立声描绘的：“由老师们亲手准备的烤肉、虾、贝壳等，在扫清饥饿的同时，还给予味蕾和胃的双重冲击和满足感，真是一个幸福而又难忘的夜晚！”

Day 4

潜入水族馆

7 月 25 日，按照预定的时间，我们早晨 8 点 30 分在四楼大堂集合。我暗自高兴孩子们都很准时，谁知一核实所要携带的东西，好几个孩子准备得不齐全。于是，让这些孩子回房间去取。结果，几分钟后，忘掉的东西取下来了，原本携带的又重新落在房间里了。如此，晚了 15 分钟才终于走出宾馆大楼。

今天的行程是直奔三亚免税店附近的一个五星级宾馆，那里有一个水族馆，除了养鱼，还可以潜水。我一年多以前曾经在这里潜过，拍出

来的照片很美！今天的潜水设备跟孩子们同步抵达，于是孩子们很快就开始在游泳池里更换潜水服和简单地练习，紧接着便开始去水族馆跟鱼儿们为伴潜水了。因为孩子们的衣服都放在游泳池旁边的亭子里，我只好在这里照看他们的物品。好在游泳池跟水族馆不远，我可以偶尔地过去给孩子们拍拍照。

为了赶时间，大家中午没有休息。直到 15 点钟，水族馆的潜水活动才结束，结果出乎我的意料：三位同学通过，竟然有四位没通过。没通过的原因，一位中耳发炎，继续潜水可能会导致危险的后果。另一位进入水下 2 米的深度就无法保持鼓膜内外水压平衡，鼓膜疼；这种情况在成年人里也存在，无法学习潜水。第三位是进入水族馆后害怕鱼，我后来了解到，他是小时候被鱼咬过，有心理阴影。第四位是害怕深水，竟然在水池子里哭了起来，肯定也有心理原因。无论如何，四位同学此次将无缘国际潜水证。说实话，我和他们同样难过，但又没办法，不适合

潜水的不能强求，身体状况不允许的也不能冒风险。我第一时间把情况告知我的助手张俊鹏，让他跟潜水公司沟通，看看有哪些费用应该退还给这四位同学。

赵晨旭今天的心情是灰色的，他这样写道：今天经历了我人生中的一点小挫折，虽说不是多么严重，但却给我带来了一个深刻的教训。今天本来要去参加潜水考试的倒数第二次考核——开放水域潜水。为了等待这一刻，我已经做了足足三天的努力，虽说没有尽全力，但也可以说是相差无几。一早起来还是和往常一样，匆匆地洗漱和吃完早饭，然后去四楼和潜伴还有教练会合。坐上前往考试场地的车的时候，我的内心还是无比兴奋的。可是老天跟我开了一个玩笑，本来可以轻松应对的考试，却出现了戏剧性的改变。我之前患过耳道疾病，所以耳道变得不是那么

通畅，这导致我下水之后的耳压平衡没有做成功，再加上没有及时告知教练我当时的状况，所以最后是以我的耳膜压伤不能再次下水，告别了之后的潜水考试而告终。我的心情很失落，就好像你辛辛苦苦种的水果，到了要收获的季节了，结果去摘的时候发现果实没了，你这一年的努力都白费了。不过，后来我还是释然了，这次不行不是还有下次嘛，而且这次我已经做好了充足的准备，下次来考试不就更轻松容易了吗？我一定要坚强，不能输给自己。

同样遗憾的还有季鑫泽，他这样写道：今天要去水族馆潜水。快 8 点半了，我连忙抓起游泳装备，赶到 4 楼与大家会合。张教练开车行驶了 1 个多小时，便来到了水族馆。我迫不及待地跳下车。去换装备了。

我最先组装完装备，于是教练先带我下水。下去之后有一个台子，我在那里穿上了蛙鞋，然后往BCD里面充满气，保证我能浮在水面上，等待其他人下水。教练把我们带到了一个救生圈旁边，然后让我们顺着救生圈下面的绳子慢慢下潜。我把BCD里面的气通通排出去，然后顺着绳子潜了下去。但是潜了2米左右，我突然感到耳朵十分痛，这一定是水压造成的。我按教练教我们的方法，捏住鼻子，往耳朵里吹气但是不管用，于是我向教练比出手势，教练带我上升了一点距离。我用力往耳朵里吹气，这回耳压总算是排开了。我边下潜，边排耳压，最后来到了水底，教练让我们轮流做面镜排水，然后带我们逛了一圈海底世界，便上去休息。休息之后，教练再一次带我们下水，但是这次我不太幸运，到达水下2米之后，我的耳压就再也排不出来了，用尽各种办法，也无济于事。最后，教练对我说，我可能年龄小，耳道还没发育成熟，或者是耳道结构特殊。总之，明天我不能下海了。

皮立声这样描述当天在水族馆里游泳的情形：这是我第一次与可爱的鱼儿在水底世界翩翩起舞，遨游于水中，不禁浮想联翩，仿佛自己就是一条自由自在的鱼。其实再多的语言也无法表达这一刻的感受，不仅如此，我们还成为在海底餐厅吃饭的人们的一道靓丽的风景，有种“然而禽鸟知山林之乐，而不知人之乐”的快乐。

我在微信群里发布了今天的潜水结果，肯定是几家欢乐几家愁。但事实上，对于没能通过今天潜水课程的同学和家长来说，暴露出的问题还是值得大家反思的，可以说也是收获。晚饭后自由行动，我陪同两位年龄最小的男同学去吃饭和购物，因为另外几位都不愿意陪同。

Day 5

大海里潜水

7月26日，依旧是8点30分，我们准时集合，但这次是带着行李出发，因为今晚不再回到国际酒店。两辆车带着我们直奔分界洲岛，这里是一个相对很著名的潜水基地。大约10点钟到达渡口，张教练买了船票，我们乘坐快艇奔往分界洲岛。从船上可以看到，水很蓝。乘船的时间不长就抵达岛上。由于前两天封岛，今天的人格外多。等了不短的时间，张教练和郑教练带领段旻希、皮立声、杰夫三人去潜水，我则是带着另外四位少年去看海豚表演。11点30分，我们刚好赶上一场表演：先是海豚，随后是海狮。我知道这些看上去很美的动物表演背后是动物被虐待，所以宁愿不放这些表演的镜头。等表演结束后，我建议孩子们留在原地休息、凉快。于是，我们一边吃小吃一边休息。过了好一阵，孩子们有点待不住了，我们便往回走，刚好路过一个展览室，里面是打捞的各种

瓷器。房间里没人，又有空调、WiFi 和椅子，所以我们就在里面上网。

直到 14 点多，张教练终于打来电话报告喜讯：三位同学都考过了，并且喊我们会合、一起吃饭。迟到的午饭是各种面条，最可口的是一份冰饮。吃饭期间，三位同学填表、签字，他们不久后就会得到国际潜水证。

对于今天的活动，赵晨旭写道：今天，我抱着一颗依然乐观的心，陪我的潜水伙伴们到分界洲岛，去参加他们的最后一次考试，只要通过，他们就可以拿到潜水资格证书了。我对他们也都是充满信心的，所以也没顾虑太多。跟着张教授去看了一下可爱的海洋动物表演，又参观了各种各样的由海底打捞出的历史文物，琳琅满目，真的是让我大开眼界，青花瓷、青铜器，还有让我感到新奇的陨石。晌午过后，教练他们带着我的潜水伙伴们载誉而归，他们果然都通过了考试，我从心底里为他们感到高兴，虽说内心有一点点失落，这是在所难免的，但我相信，明年这个时候，我一定也可以像他们一样，高兴地拿到潜水证，然后到朋友圈里炫耀：看看，我拿到潜水证了，以后出去玩潜水我就可以带你们去，连教练也不用请了，这一天我觉得很快就会来到，加油吧。

皮立声今天的心情很喜悦，他这样写道：这是个令人激动和振奋的日子。凉爽的海风把我们带到了分界洲岛国家级海岸，去进行我们期待已久的最后的海潜。作为陵水的度假休闲观光天堂，这里吸引了大批游客，所谓“阳光海浪沙滩，人潮人海人山”。我们随着众多体验潜水的游客来到岸边，逐一准备好，并开始下潜。虽然真正的海里能见度不足 2 米，但我们圆满完成了任务。因为是在近海，我们还顺便观摩了一番海底的

珊瑚和沉船。经过了这最后的考验，我们成功获得了 PADI 潜水员证书。回顾这几天充满意义的潜水经历，真是痛并快乐着，有高兴，有伤感，有激动，共同组成了这一段难忘的经历！

随后，我们驱车抵达蜈支洲岛对面的一个村庄，晚上住的是一家民宿。安顿下来之后，便是晚餐。饭后到海边逗留了一会儿，回来后在微信里跟两位家长聊聊天。我的儿子杰夫长期在加拿大读书，我询问他是否也可以写点东西到书里，他说不会用汉语写作文，我说那写英文或者法文的也可以。于是，5 分钟之后，他发给我如下这段文字：26/07/2017 This is the payday of my efforts. Today, we are going to take our final test of open water diving and to earn the qualification of OWD. The learning period is surprisingly short, not even 3 full days including the theory test and field practice. But everything gave the knowledge and experience which lead me to the goal of obtaining the qualification. This morning, around 11:00, we arrived at the Borderline island to receive our final examination. The island is very crowded. Due to the limited size of the island and the over populated population of China, it almost feel like you are going to get suffocated by the CO_2 emitted in your surrounding. After we boarded on the boat and arrived to the diving place which located at 200 meters away from the pier, we started to assemble our equipment. I made a childish mistake: during the assembling process, I was trying to lift the air tank, but I mistakenly landed it on my toe. After the first dive, I had a headache, it's probably due to the low air consumption of my body, because I have to spit out most of the air in my lungs to submerge into the sea. After the second dive, we finished all the techniques and I successfully passed the exam. After the lun-ner (lunch dinner, because we had it around 3 p.m.), the instructors signed the qualification, which means we 3 are officially a qualified diver.

Day 6

冲浪

7 月 27 日，早餐后 8 点集合。就在餐厅旁边的一个套间里，一个女教练开始给大家讲解冲浪板的动作要领。随后是让赵晨旭演练，足足有五六分钟。我悄悄地跟陪伴在旁边的张教练说，以这样的速度搞不完。张教练也同意，但又说还是不要打扰她。好在不久后一个男教练出场，让孩子们都到外面的沙滩上一起讲解。我则是利用这个时间到海里游起泳来。没多久，孩子们纷纷夹着冲浪板走进大海，开始真刀真枪地冲浪了。我以前没特别关注过这项运动，看到教练们在水里不断地讲解才明白是要利用浪来了的动力才能站起来。一个接一个，孩子们先后在冲浪板上

站立了起来。而且，原本对深水有点恐惧的小女生竟然一次次有模有样地站在了冲浪板上。玩了一会儿，杰夫说脚指甲劈了，想回去，我不想强迫他，便接过了他的冲浪板，我的平衡感没那么差，但最终没在冲浪板上站起来。两个小时的课程结束时，孩子们都玩得很开心。

季鑫泽这样描绘上午的活动：今天一大早，就收到教练的消息，说等会儿去冲浪，于是我和室友便迫不及待地跑下楼等待集合。人都到齐后，一位姐姐来教我们冲浪的基本要领。她演示了几遍动作后，给我们每人发一块板，我们搬着板子来到沙滩边，戴上脚绳，推着板子下了海。我趴在板上划了一会儿，然后便静静地等待海浪。突然，教练喊："大浪来了！"我扭头一看，果然有一个2米高的浪。"划水！"教练命令道。我赶紧划水，眼看着浪越来越近。紧接着教练喊道："站起来！"我想站起来，可还没等我起来，就从板子上滑了下去，"扑通"一声掉进海里，溅了我一脸海水，咸得要命。正当我心有余悸时，教练又叫我过去，他

指着远处的海面，说："看那边，有个大浪，等会儿听我指挥。"我顾不上害怕，立即趴在冲浪板上，一切准备就绪，没等多久，教练就喊："划！快划！"说完推了一下我的板子。有了教练的一臂之力，我登时感觉轻松不少。大浪越来越近，就快要碰到板子时，我迅速站了起来，努力保持平衡，借着浪顺利滑到了离岸边不远的地方，我感觉整个人都飞了起来，真是无比的刺激。

皮立声这样记录今天的活动：清晨的第一缕阳光洒在波光粼粼的海面上，显得格外耀眼，浪花不断拍打着沙滩，发出声响。趁着涨潮去玩冲浪，再过瘾不过了。我们每人拿一个冲浪板，先学会了冲浪的一些技巧，便迫不及待地要尝试。这是我第一次玩冲浪，之前总认为像跳伞、冲浪、海上拖伞、滑雪这些运动只会在宣传片里出现，从未想过能有机会去体验。冲浪也不算太难，先把冲浪板推到海水没过腰的位置往上一趴，然后双手划水，等浪过来保持平衡往上一站就行了，比陆上滑板刺激多了，宛如一只自由飞翔的小鸟，真刺激。

李厚德的感受也差不多：我发现冲浪并没有那么难，只要先走到齐腰深的水里，爬上冲浪板，等大浪来，顺浪向前，并站起身子，顺风而行。教练刚说完，大家便迫不及待地冲进了水里，想试上一试。到了海里，我按教练所说的步骤爬上板子，等着大浪的到来。这时，一个大浪直冲过来，教练在后面用力推了我一把，我的板子便像利箭一般射了出去，我努力挺直身子，站在板子上“飞”了一会儿，便跌进水里。

中午是家常菜，随后16点，我们约孩子们一起到海滩上捡垃圾，让孩子们知道保护海洋的重要性。

傍晚，大家在女老板佳佳的带领下，动手串肉、菜做烧烤。吃没吃好不知道，但孩子们玩得热闹开心。皮立声这样记录这一过程：对于一个吃货而言这一定是重中之重——有史以来最丰盛最满足的一次——海景自助烧烤。还要感谢张叔叔和我们冬冬教练的热心陪伴，才能在这几天大饱眼福和嘴福，并且玩得充实而有意义。

随后，我们围坐在一起做总结，先是张教练讲了几天的行程，随后是每个孩子对此次活动做总结。我感受得到，孩子们都很开心参加此次活动，尽管不是所有的学生都拿到了潜水证，这有点遗憾。最后是我比较长时间的总结，客观而又实事求是地跟孩子们分享我的一些观点和评价。

Day 7

帆船运动

7月28日，早晨8点吃早餐，两位同学出现肚子疼现象，可能是昨晚自助烧烤没熟的原因。我给他们吃了肠炎药，没再听他们说上厕所的话题。9点出发，我所在的车的司机有点奇葩。刚出宾馆没多远，前面右侧有一个突出来的水泥墩子，他竟然看不见。我紧急喊小心小心，他还是生生地将车的侧桥开上了水泥墩子。我督促他下去看看究竟发生了什么，他看完后还是有点搞不清该如何处理，让我下去帮他看，我只好下车指挥他开出去。一路上，明显可以看出，他开车不规范，冒冒失失挺吓人！还好，我们没出其他意外顺利抵达三亚市鸿洲码头，张教练一行随后跟我们会合。我们跟帆船船长见面，开始了今天的主题：帆船。船长简单介绍了帆船的结构，我们便上船体验。孩子们都是第一次上帆船，开心又兴奋。

季鑫泽这样描述帆船活动：鸿洲码头密密麻麻停泊着数十艘各式各样的游艇和帆船。那船身上竖着高高的桅杆的便是帆船了。此时，我激动的心情难以掩饰。教练简单地为我们介绍了帆船后，便让我们脱鞋上船。我光着脚，小心翼翼地踩在雪白的甲板上，生怕把船弄脏。大家上船后便开始好奇地东张西望。不知不觉间，船已经带着我们驶离了港口。远处，湛蓝的海水与碧蓝的天空交融，浑然一体。近处，浪花此起彼伏，发出“啪啪”的撞击声。我坐在长椅上，陷入了遐想……船长见我呆呆地望着海，便喊我过去，要教我开船。我心花怒放，赶忙跑到船长身边，

从他手里接过舵，眼睛凝视着前方浩瀚的大海，想象自己正驾驶着海盗船。这时，船长突然打断了我的思绪，开始讲授开船的要领：以罗盘为基准，保持固定的方向。我按照船长的要求，控制手里的舵，让罗盘的指针不偏不倚地指向 210° 的方位。帆船在我的控制下，像一个听话的孩子，缓缓朝前方驶去。我昂起头，任凭海风轻抚脸颊，颇有“长风破浪会有时，直挂云帆济沧海”的豪情壮志！

同学们不时地到游艇的各个地方拍照，有的同学还亲自驾驶游艇。两三个小时的时间很快就过去了。返回，上岸，季鑫泽的家长来接孩子了。我们简单沟通了关于他的情况，也同时跟另外三位同学道别。张教练开车，带我们四人回到我在三亚的住所吃午饭，然后送李厚德去机场。随后，17 点多，又来接段旻希去机场。至此，愉快的暑假三亚潜水活动圆满结束。

尾声

来自上海的肖辰熙同学这样总结自己的三亚活动：很有幸来三亚学潜水。一开始，我自认为体力是很好的，胆子也很大，所以在游泳池的时候就把心态放开了，学的也很不错。等到了海洋馆，脱下目镜再戴上，把呼吸器拿出，放在脑后，再塞进嘴里……其实这些我都是很害怕的，太紧张了。在游泳池里训练的时候，水不深，万一有点什么可以站起来，心里有底，所以学得也很好很快；可在海洋馆里就完全不一样，考试的时候喝了好多水，咸得发苦，心里特别害怕，只能要求上岸，导致没能参加最终的考试。现在想想，还是觉得有点后悔，毕竟能考出潜水证是

多么厉害啊！潜水训练结束后，在三亚还学习了冲浪，可能是因为一直练习芭蕾的原因，平衡力不错，浪一来，教练帮着一推滑板，很快就站起来了，这让我也很开心，能学滑板也不错，至少没有一无所获。

由此深深地体会到，什么事都要尝试，不尝试，怎么能知道自己的极限？很多事，不一定一帆风顺就过去了，也需要咬牙坚持的，只要坚持，必能见晴天。可能每个人都会有不足，克服自己、超越自己才是最厉害的，我们最大的敌人还是我们自己。虽然夏令营结束了，但是我还是要继续挑战我自己；和潜水学校的教练已经约好，2018 年的暑假，我会和同学一起来继续没有完成的潜水训练和考试，到时候我一定要好好把握机遇，战胜自己的恐惧，一定要拿到潜水证书！

对于户外活动，皮立声的感悟特别好：只要你有一颗永远年轻、爱探险和充满激情的心，便能体验到一般人不曾想过的生活。这就是为什么好多人想“出去走走”，世界那么大，旅游的意义就是能看到、听到、感受到你生活之外的、刷新你世界观的、你不曾知道的东西。此外，通过这些户外活动与大自然亲密接触，将感受到无尽的乐趣！

菲律宾潜水

2018 年 2 月 18 日傍晚，来自不同城市的一群人，聚集在广州机场的胶囊酒店，因为第二天一大早要飞往一个不远的国家——菲律宾。

Day 1

抵达杜马盖地

2 月 19 日 6 点 10 分，我们一行 24 人准时从广州白云机场起航，经过两个多小时的飞行抵达马尼拉机场，办理中转。这是我人生第一次来到菲律宾，以前对这个国家的印象主要包括了菲佣、黄岩岛两个单词，再就是几届总统的名字。在马尼拉机场，我们从国际 T2 航站楼转到国内 T3 航站楼，一切都顺利。而且让我感觉萌萌哒的是，下一个从马尼拉到杜马盖地的航班，竟然提前了半个多小时。

14点30分，飞机抵达杜马盖地，这个机场给王姝女士留下不错的印象，她这样写道：2月19日14点30分，我们的航班从马尼拉飞抵杜马盖地。在飞机上听到空乘人员提示飞机即将降落，便很期待地在向悬窗外张望，看着飞机很近距离地掠过蔚蓝的海面，感觉快要滑翔至海面时，忽然飞机跑道跃入眼帘，出现在机体下方，飞机经过一段距离的滑行，稳稳停了下来。菲律宾热带海岛，我们来了！我们出了机舱门，振奋精神，好奇地观察舱外的世界。热带湿润的海风带着清新的空气扑面而来，抚慰我们旅途的辛劳。杜马盖地机场建设比较简单，没有高大上的航站楼；午后的阳光透过清新的空气照射这个海滨机场，熠熠生辉。走下飞机悬梯，热情的服务人员给每位乘客递上遮阳伞，使其免受阳光的暴晒。乘客们打着伞，或相互拍照，或东张西望说说笑笑，三三两两走到候机室。我回头一望，后面的人流举着花伞，在周边绿荫的衬托下，将停机场装扮成花园。想起做过酒店行业的同事曾说过，菲律宾人性情温和、开朗，能歌善舞，经过专业培训比较职业化，善于做服务行业。从刚下飞机的点滴服务，就已经让我感受到了同事的中肯评价。接下来的几天，入住的酒店工作人员、陪同出海的船员、潜水教练等各种细致周到的服务和善意的微笑，都给我留下了美好的印象，久久回味。

中潜公司杜马盖地分公司的小陈前来接机，由于我们的航班早到，也因为菲律宾人似乎不太守时，我们在机场等了二三十分钟两辆中巴车才到。装好行李，我们驱车去杜马盖地市内，参观亚洲最古老的大学——西利曼大学（Siliman University）。西利曼大学成立于 1901 年，是一所清教徒建立的私立大学，也是亚洲最古老的美国式大学，拥有法学院、商业管理学院、教育学院、人文科学学院、工程学学院等 12 个学院，在菲律宾颇负盛名。

进大学校园，似乎费了一点周折，因为春节期间很多人来杜马盖地旅游，申请到校园参观的人多。小陈焦急地跟一个事先联系好的学生沟通，我们在校门口等着了。不过，我们也没闲着，好奇地观看路人和车辆，拍照。杜马盖地有两种车辆让我们所有人好奇，来自天津的张所浩先生这样描述：我发现了很多三轮摩托车，这是一种用两轮摩托车改装的，右侧加了一个偏“斗”，“斗”里能坐 4 个人，加上司机后面的一个位置，一共可以坐 6 个人。一问才知道，这就是当地的出租车。接我们的车是丰田面包车。车都很新，由于近两年来菲律宾旅游的中国游客越来越多。特别是今年，很多旅行社买了新车搞接待。菲律宾和我们国家一样，都是右侧通行。马路上看不见交警，也很少有红绿灯。在马路上还看见一种当地人称作公交车的车。这种车像是一种小货车改装的。车厢里有两排长长的座椅，后面有一个上下车的口。人多时，后面可以站立。车身也是花花绿绿很是好看。

王姝这样描绘这里的出租车和公交车：据导游介绍，改造的三轮摩托车——嘟嘟车类似于国内的出租车，招手即停，都有车牌号码管理。价

格比较便宜，但是需要讲价。改造的嘟嘟车厢内、外都有座位，有的能容纳6～8人，这在国内逐渐注重安全的意识趋势下，是不可能允许这样的“超载”情况出现的。改装摩托车色彩斑斓，凸显个性，好像开屏的孔雀，吸引行人的注意，招来不断的生意。接下的行程中，我们也有幸搭乘嘟嘟车，内部还有中文潜水广告等标识，看来中国游客已逐步成为重要的客户资源。没有窗户和门的汽车是公交车，同样五颜六色，还绘有各种图案，好像花朵争奇斗艳。车顶、车尾有栏杆扶手设计，可以外挂乘客在车顶、车尾，看似危险，当地人视为平常。

过了十多分钟，一个女生终于出现了，她就是我们的校园导游。看来女生跟门卫事先说好了，我们顺利地进入校园。校园给我的印象是不大、但很干净，有很多粗大的树，估计是跟校园最初建设时同步栽种的。在校园的一侧，我们见到了西利曼的雕像，女大学生给我们讲解了他建设学校的故事——原来，最初建校的款项不是这个传教士本人出资的，而是他筹集的。

来自北京体育大学的许心仪同学这样介绍参观西利曼大学的过程：我们乘车到达西利曼大学后，由于当时学生们正在上课，所以耗了点时间同门卫沟通，最终进入了这所大学。应该说，这所大学有着比较久远的历史，可以追溯到西班牙、美国统治菲律宾时期，无论是校内的场所布局、建筑设计，还是人文历史、语言风俗，都被昔日的统治者影响着。给我们做校园讲解的是西利曼大学的学生，一路上她很照顾我们，不时地给我们解答问题，友好地给我们展示西利曼大学博物馆内陈列的种种文物，带我们参观风景秀丽别具一格的校园。我很荣幸在游览校园的过程中给一行人做翻译，一方面锻炼了我同声传译的能力，另一方面也使我认识到在词汇积累上我的确有很大的欠缺。出国旅游不用外语交流是不太现实的，当一个人真正处在外语的环境中时，外语水平想不提高估计都很难。同行的孩子们年纪都不大，一般

在10岁左右，令我惊奇的是，这些孩子的英语水平是很高的，即便他们不清楚讲解员说的是什么，他们也会大胆的提问，勇敢的交流，孩子们的表现的的确确让我认识到时代发生了巨大的变化，我10岁的时候肯定不具有这些孩子的勇气，所以在心里默默给现在的孩子们点个赞。西利曼大学最吸引我的地方在于它欧美式的建筑布局和房屋设计。一直以来我都很喜欢欧式建筑，西利曼大学的设计，有欧式风格的影子——从南到北的一大片修剪整齐的草坪、内部结构肃穆圣洁的教堂、现代设计的楼房等等，每一处风景似乎都隐含着悠悠历史。

在中国农业大学一年级就读的皮立声同学这样介绍对西利曼大学的印象：这所亚洲最古老的美式大学坐落在海边，透露出神秘与宁静的气息，道路旁一棵棵百年老树仿佛在诉说着这段历史。学校中间是一大片草地，楼宇矗立两旁，零星的学生们躺在草地上看书或聊天，全然没有急促和

紧张的气氛，一切都是这样悠然和闲适，宛如夏日的午后一般。草地的尽头是一座教堂，能够容纳全校师生在此做礼拜与祈祷，也是这所学校最与众不同的地方，这里沉淀着美国传教士最早跨越苏禄海的足迹。

来自北京师范大学朝阳附中的秦企萱这样抒发对这个校园的情感：校园的正中间耸立着一座洁白的教堂，在碧蓝的天空和周围绿树繁花的围绕下，似有光辉笼罩。教堂里是普普通通的样子，环顾四周，几扇美丽的彩色玻璃窗，透进来五彩祥和的光，一排排木质的座椅和木桌依次摆放，一本本经书整整齐齐地摆在座椅后的袋子里。不知为什么，教堂的小桌子上摆着几枚手工画的热带风情石头，是传教士的作品吗？教堂前的草坪，露天的圆形剧场座椅一层层排开，几个游客在绿色的椅子上摆开姿势照相，这是一个大家能团团圆圆聚在一起听布道、听音乐的场所，我是多年没听过露天音乐了，想象着仲夏夜的星空下，听着远处微微传来的海浪，随便是什么样的音乐都好。走出校园的时刻蓦然发现，门口有一块黑色石碑，上面刻着金色字迹："But let justice roll down like waters,and righteousness like an ever-flowing stream."——唯愿公平如大水滚滚，使公义如江河滔滔……

随后，我们参观了校内的历史博物馆，当地人曾经用过的陶罐、乐器等等，给我留下不深不浅的印象。但来自宁波的黄仁普先生却看得饶有兴趣：我们进入了二楼的历史博物馆。相比国内博物馆，这个博物馆真的是简陋多了，墙上挂有文字、图片，场地中是一排排的展柜，柜里的文物件数不少，个头不大，但好多却是平常难以见到的；馆藏从杜马盖地的历史、人文到艺术和工艺品都有，较为详细地展示了岛民的一些遗存物品和挖掘品；从当初土著人巫医的用具到药材、木制用品、骨制遗物、古陶俑艺、铜鼓旗帜、螺钿相镶宝刀匕剑；当我问及“一带一路”下的馆藏文物情况时，介绍老师把我们带到了陈列着青花瓷瓶、各种碗盏等藏品展柜处，可见从宋元时期菲律宾就同中国有交流。

参观结束后，我们驱车去吃晚饭。晚饭吃的是当地的海鲜，包括烤鱼等等，许心仪这样介绍晚餐和随后的过程：当地餐的菜式是偏西式的，海鲜、意面、鸡块、蔬菜、汤等成为当晚的抢手菜，大人们喝着红马啤酒侃侃而谈，小朋友们就着晚餐嬉笑玩闹，也算是别有一番风景。夜幕降临，徐徐海风拂过脸庞，细细的浪涛声在暗处隐隐作响，在回酒店的路程中大家有一搭没一搭地聊着，彼此在交谈中熟悉磨合，心与心的距离在无声中悄悄拉近……

吃罢晚餐，我们驱车去宾馆。宾馆距离市区有一段路程，位于海边，或多或少有点当地特色，但年代有点老。

Day 2

去墨宝深潜看沙丁鱼

5 点 30 分，前台叫早。按照原计划，我们本应 5 点 50 分吃饭，6 点 20 分出发，但由于我前一个晚上跟服务员没沟通好，服务员没准备早餐。这时我才了解，前一个晚上，小陈跟我说要跟前台订早餐，而我明明告诉前台服务员，按照平时最常见的早餐准备就好，而服务员也说了 Yes、Yes。现在看来，我说的服务员没理解，但出于礼貌，她答应了。

按捺不住情绪，我跟地接小陈嚷嚷了起来，责怪他没有落实好，因为我不清楚早餐还要提前点好，这似乎也不是国际上常见的现象。没办法，没吃早餐、空着肚子，我们就出发了。路上，一个车的人在 Seven-Eleven 店买了点泡面之类的食品，我所在的另一辆车则是一直坚持着。不过，我们在路上还遇到了意外的小惊喜，我突然看到路边一大片操场上，有很多孩子穿着整齐地在搞活动，我于是叫车临时停一下，大家下车拍照。来自北京的方红曼女士这样介绍孩子们的活动：正赶上当地孩子们举行啦啦操比赛，孩子们都打扮得像美少女战士一样！好喜欢孩子们的装扮，真希望北京的学校也可以搞些这样的活动。有孩子带着自己心爱的宠物黄金蟒来观看比赛，非要放我脖子上让我试试，鉴于旅途刚开始不能受伤，虽然傻大胆儿的我很想试试，最终还是只摸了摸而已。啦啦操比赛开始啦，上场的并不都是特意挑选的苗条少女，也有胖胖的、矮矮的女生，还有很多男生，看起来像全班一起上。我喜欢这种只要你愿意，就可以展示自己的活动，孩子都是不定型的，谁又能说今天的孩子以后会变得怎样呢？

张宗亮先生也记录了这一过程：我们这群“不速之客”加入到围观队伍中，参赛的孩子们看起来应该是中学生的样子，比赛的场地很一般，甚至可以说很差，只是教堂前一片杂草丛生的空地，周围的房屋也都是低矮破旧的平房。整个城镇的感觉就像我们偏远地区的山村。然而孩子们却很郑重地参与并享受着比赛，每支参赛队伍都有着鲜亮的服装，随着音乐翩翩起舞，整齐划一，动作并不复杂，应该是孩子们自己设计编排的。场下的观众更是热烈地为自己的队伍呐喊加油。一张张洋溢着幸福笑容的童稚的脸，让我禁不住对菲律宾的教育制度产生了好奇。接待我们的是在菲律宾生活了两年多的华人，从他那里了解到，菲律宾的学制是小

学6年，中学4年。学生课业负担轻，没有课外辅导班，学校会组织安排各种兴趣活动，他自己的孩子每天就是各种玩。只有到了中学的高年级才会投入多一点精力学习。轻松自然加无忧无虑就是菲律宾孩子学生时代的全部写照。然而，这并不意味着教育的缺失。相反，菲律宾十分注重教育事业，全国范围内的文盲率很低，国民识字率较高；高等教育普及率高且历史悠久；政府规定英语为官方和商业用语，英文识字率在亚洲排名第一；菲律宾的劳动力教育素质更是在亚洲国家中名列前茅，遍布全世界的菲律宾女佣、船员和歌手都有极佳的口碑。古语“有教无类”“兴趣使然”似乎在这个英语国家里得到了体现，而我们却还放不下。

到了码头，好在码头有当地的食品店，我们各取所需地拿了自己的食品。我选了一个用植物的叶子包裹的年糕，有点像中国的粽子，甜甜的还挺好吃。8点钟，我们准时上船。大约50分钟后，我们抵达墨宝所在的岛屿。又有两辆当地的车来接我们，沿途欣赏当地绿色的田园风光和祥和的民风，也议论当地的房价和投资机会：海景房每平方米只要大约1000元人民币，但外国人不允许直接购买，只能委托本国人。不知不觉地，我们行驶了一个多小时，抵达墨宝镇。墨宝的出名就是得益于这里的沙丁鱼风暴。据说，墨宝是世界上唯一可以每天见到令人窒息的沙丁鱼群的地方。对于喜欢鱼群的人来说，来墨宝潜水一定不虚此行。

墨宝看起来人口不多，有几家餐馆，我们选择其中之一安顿下来，其他人到潜水店更换潜水服装。由于潜水教练数量有限，我们分成先后三批。我自然要在第一批潜水，检验安全性，因为就在前一天，一个潜水的中国人被螺旋桨打到了脑袋，当场死亡；一周前，还有另一个中国人溺水身亡。

在潜水店换上潜水服，第一批6个人下水了，每个人配备一个教练。离岛先是3 ~ 8米深的浅处，然后便是40米深以上的悬崖，有大量的软、硬珊瑚，黑珊瑚和海扇散布其中。进入海水中游出去不远，就清晰可见大片密密麻麻的沙丁鱼。我试图去接近，它们小心但又缓慢地避开。厦门第二实验小学的章叶妍同学这样描述：今天是阳光明媚的一天，我们来墨宝潜水，感受沙丁鱼风暴，900万尾沙丁鱼组成的壮观场面绝对不能错过。我们来到海滩上换了泳衣，拿好潜水装备，拉着教练的手，试着用压缩空气瓶在水下呼吸。沙丁鱼在水下游荡，时近时远，变成了圆形，一伸手沙丁鱼群又铺平成一条长带。沙丁鱼是银色的，在海里十分耀眼。我还看到了各种颜色的小鱼，有红色、蓝色、黑白相间、黄色、紫色……海里的世界真神奇、真有趣、真美妙，非凡的体验，让我体会到什么叫天人合一，什么是人与自然了！

跟章叶妍年龄差不多、来自长春东北师范大学第二附小的金泽凯这样记录对潜水看沙丁鱼的期盼：早晨，我被爸爸从梦中叫醒“快点起床，要去墨宝潜水，看沙丁鱼群了！”我一下子就坐了起来，睡意全消失了，这可是我盼望已久的活动啊。一路上我一直想着沙丁鱼、大海龟、海兔、小丑鱼……我们经过两个多小时的车船行，终于到达了墨宝。听大人们说，墨宝是可以随时随地看到沙丁鱼群的地方，对于喜欢鱼儿的我，无疑是一个很大的诱惑。因为我们团的人数太多，教练少，所以分成了三批去潜水。我被分到了第二批，在潜水前，教练教了我们潜水用的通用手语、基本动作和安全急救措施。在教练讲解完之后，我和几个小朋友迫不及待地向海边跑去。

墨宝的海水很特殊，近处的海水是浅蓝绿色的，泛着微光，清澈见底，向远处望去大海一片蔚蓝，海水与淡蓝色的天空连成一片，水天三色蓝。好美的景色！我们在玩水的海边，见到了五六个当地被阳光晒得黝黑的小孩，他们没有泳衣，也没戴泳镜，可他们却像一条条小鱼一样在水里游来游去，相互追逐玩耍着。终于等到我们组潜水了，我迫不及待地换好了潜水服，在教练的陪同下一起向海里游去。游了一会儿后，教练开始给我的潜水服放气，并带着我向海里潜去。海里太美了！我看到了好多五彩缤纷的小鱼，自由地穿梭在随流摆动的珊瑚群里，看见了会发光的海带状水母。正在我四处寻找小丑鱼时，突然感觉到身后有一团黑影向我压过来，我转头一看，啊！是一大团沙丁鱼群，我急忙转身去抓，可是沙丁鱼群像被大风刮跑了一般，瞬间从我身边游过了。我急忙打手势给教练，追沙丁鱼群。接下来教练带着我在大海里漂潜着、追寻着。我一共看到了四次沙丁鱼群，我觉得我真的是太幸运了！我也真真正正地感受到沙丁鱼风暴的震撼，成千上万闪着银光的沙丁鱼在你身边游过，从海底向上看，一片遮天蔽日的壮观景象。它们时而像“大蓝球”旋转过来，时而像刮起的“旋风”，又像舞动的“彩带”，又像“妖怪”降临。每次鱼群都是以排山倒海之势，向着一个方向游动着，突然下一秒就改变了方向游动。它们的反应是那么迅速，那么的协调，好像有总指挥一样，真是让我感到好奇。我追寻着鱼群，好像也变成了一条不知疲倦的小鱼，不知过了多久，最后还是教练把我提出了水面。哎呀呀！我还没玩够呢！

同样的场景、同样的过程，皮立声写得更加激情一些：墨宝有举世闻名的沙丁鱼风暴，海岸有着非常陡的、几乎是笔直的大陆坡，一眼望去海水被分成了两种颜色，近岸的浅水区颜色较浅，而断裂下陷区则颜色较深。也只有这样独特的地理构造使我们能在近岸浅水区一睹这一壮观又震撼的景象。这样大规模的沙丁鱼群以前只能在中央电视台纪录频

道中看到，没想到这次竟然能与它们亲密接触，让我更深刻地感受到潜水的无穷乐趣与愉悦，一个你从未接触过的水下世界，好比开启了一扇通往不同世界的大门，水底的感受和见闻是无与伦比的。只有你自己知道潜水哪一点吸引你。

王姝这样介绍自己的潜水经历：从未潜水的我，在经验为零的情况下，来到潜水胜地墨宝看沙丁鱼风暴。起先没有信心能看到：首先，担心自己承受不了水下压力；其次，可能当天的洋流影响或鱼儿的“心情”不好，不来光顾这片水域。中潜公司的陈导说，这个岛的沙丁鱼群已经比较稳定，基本上天天都在附近游来游去。所以，只要按照教练的培训去做，深潜到水下 5 米左右就能看到沙丁鱼风暴。深潜培训听下来的重点是：缓解耳压动作（类似于擤鼻涕）、用嘴呼吸和记住水中与教练沟通的手势。我

怀着惴惴不安的心情，穿上潜水服，背上氧气瓶。每人有一位随身教练指导。我随着教练走进海里，当头部进入水中的刹那开始紧张，刚下沉1米左右，还没看到鱼类，耳压增大无法承受，尝试缓解耳压的“擤鼻涕”动作，由于不熟练，没有效果，竖起大拇指手势示意教练回到水面。在海面重新整理面罩，呼吸新鲜空气，感觉自己做不到深潜，但心有不甘。这时，教练问我是否还继续下水，我点点头，再给自己一次机会。整理情绪，再次潜入水中，又到1米左右深度，我不断地“擤鼻涕”，渐渐感到耳压不大了，并随着教练逐步向下潜。忽然，教练向前一指，看到一大群银光闪闪的沙丁鱼拥挤着游动，如BBC著名的纪录片《蓝色星球》中展现的海底世界一样，让人震撼、惊奇，我已被惊呆。教练引领我不断追寻沙丁鱼群，它们忽而向左、忽而向右游动，当快要接近时，在我面前又突然机敏地分为两个鱼群，分开游去，若即若离地在你的周围游来游去，让人深感自己的渺小，海洋的神奇和伟大。这时，又有一群沙丁鱼游动在我的下侧方，我漂浮在水中静静地观赏它们的舞姿；忽然，可爱的鱼群一哄而散，定睛一看，有几条大鱼在沙丁鱼散开的地方游来游去，原来这次是它们把沙丁鱼吓跑了。教练担心我的适应性，不断提示我是否 OK，我均回复 OK 手势。此后半小时，我都没有再回到水面，一直在水下深潜猎奇。在追寻沙丁鱼的过程中，我看到了珊瑚礁、小丑鱼和各种颜色鲜艳、形态各异的海洋鱼类。教练还捉到一只游得慢的沙丁鱼交给我，小鱼在我手中不停摆动挣扎，通过真实的触摸感到了它生命的活力，随后我放手让其回到同伴中。在水下看到同行的潜水人，我们互打招呼。教练也在用水下相机为我们拍照，同时拍摄我们看到的海洋生物。这些照片是我们初次深潜、体验海洋美妙的见证。

方红曼女士和她女儿的潜水经历是这样的：没潜入几米，就看到了大群沙丁鱼，真如置身沙丁鱼罐头里。沙丁鱼群在阳光下反射出银光，闪闪发亮，时不时惊跳着转向。沙丁鱼粉白微黄，身上有数条黑线，非常普通的样子，聚在一起成了吸引眼球的风暴，让我想起了好几个韩国组合：长得不行数量凑。在潜水的时候，平安看

到了尖嘴的玳瑁，还有小丑鱼、深紫色的海胆，但是潜水师并没有拍下我们和这些动物的合影。回来才知道，潜水师照相前，先要安置好我们，所以很多看到的东西也不一定照得下来。我们还看到躲在礁石边给自己涂了沙子伪装的河豚，潜水师示意我去摸，那个小可爱就往手心里钻，撒娇地让你摸摸它，拂去沙子，它的身体是灰黄的，带着黑色斑点，皮肤滑腻黏黏的，我托起它柔软的肚子，它顺势游起来，平安也被带过来，那小家伙又玩了一会儿就走了。我们看着它蠢萌鼓鼓的样子，有一种送蛙儿子上路的不舍。今天张教授给我们随时随地讲解了很多知识，比如入乡随俗，比如人类变迁，比如潜水技能……听着他清晰流畅的讲述，

真的拨弄到我的学术之心了！

不过，这里也不会一点遗憾都没有，张紫涵这样写道：我是第二批下水的，事先换了游泳裤和游泳衣，在餐厅里和章叶妍一起聊天、喝椰汁，好好喝！这时，张教授说："第二批的人来吧！"我们就去海边，佩戴深潜用具及氧气瓶，心里好激动！其实，深潜一点儿都没有想象中的好，有一种说不出来的难受，再加上耳朵不舒服，所以我的心情不怎么好。唉，不过我看到了无数的沙丁鱼，以及许多大大小小叫不出名字的五颜六色的鱼，我想，这一点应该能弥补难受吧！

整个潜水过程，让我意想不到的是，几个十岁左右的孩子，竟然能够如此自由、欢快地背着沉重的氧气瓶下水遨游，有的孩子上来之后还表示时间太短、没玩够。因为担心安全问题，我始终站在阳光下监视着队员们一个个下水、上岸，不知不觉中，皮肤被阳光曝晒了几十分钟，随后的几天时有灼烧的感觉。

14 点左右，所有队员陆续潜水结束。我们匆匆吃了午饭，驱车返回码头，刚好赶上 16 点钟的船。坐船再回到杜马盖地的宾馆，已是 18 点多。

QUA LUNG

稍微休整了一下，我们从沙滩步行了近 10 分钟，抵达吃晚饭的餐厅。这家餐厅的装饰比前一天的要好一些，吃的是西班牙海鲜饭。席间，我给大家讲了人类的起源与迁徙，以及菲律宾当地人的来源。

据研究，现居住于菲律宾群岛的民族全部为外来移民后裔，其中最早的移民是尼格利陀人，约在两万多年前从连接亚洲大陆的陆桥迁入，带来旧石器时代后期文化。这一菲律宾最古老的居民，目前主要分布在吕宋岛

东北部山区以及一些岛屿的山林地带，总人口约 10 万，很多部落与外界没有联系。尼格利陀人与非洲的俾格米人有一定的相似之处，身材矮小，成年男性平均身高 1.5 米，肤色黝黑，头发卷曲。他们原本有自己的语言，后改说南岛语言，无文字，信仰原始宗教，至今仍保持渔猎生活，同时也有刀耕火种的原始农业，并会驯养家禽。

公元前 3000 年至前 1000 年，先后有两批原始马来人从海上迁入菲律宾，带来新石器时代文化。公元前 2 世纪至 16 世纪，又有三批新马来人迁入，带来金属工具、阶级制度和文字，新马来人的后裔占现今菲律宾人口的大多数。除此以外，中国南方及亚洲其他国家的海商，后来也逐渐地对菲律宾民族和文化的发展做出了贡献。

Day 3

抵达薄荷岛

早晨，我们终于在宾馆吃上了早餐。前一个晚上，按照宾馆能够提供的早餐，我五花八门地都点了一些，供大家自由选择。我特别开心的是几个孩子自己聚在同一桌，很团结，表现很棒。

8 点钟，我们驱车前往码头。10 点多，船起航，张宗亮先生这样介绍这段航海的过程：从杜马盖地到薄荷岛，是此次行程的第二次乘船过海。跟上一次从杜马盖地到墨宝潜水的船明显不一样，这次的船是一种完全封闭的两层的船。船身上写着 BOHOL JET，应该是那种很快的船。杜马盖地港的风浪很大，远远地就看见船体晃来晃去，上船后感觉晃得更厉害了。原定 9 点 50 分出发的班轮整整晚发了 30 分钟，广播里说有人迟到了。于是我们就坐在船里晃啊晃，密闭的窗户外一会儿是蓝蓝的天空，一会儿是蓝蓝的海水。船舱里的人被晃得直发晕，工作人员适时地发起了呕吐袋。不过还好，没见有人用上。过了一

会儿，又有一个工作人员拿着滴上清凉油的棉球发给需要的乘客，只要放在鼻子前闻一下，就可以提神醒脑、防止晕船。就在我被晃得七荤八素的时候，迟到的客人来了，是一个中国团！人齐啦，出发！船开起来就稳多了。船头微微翘起，速度很快，沿途的风景美不胜收，一个个漂亮的太平洋小岛被甩在身后。船上的人大多闭起眼睛休息，这样的船真的算不上舒服。1 小时 50 分后，我们到达薄荷岛，这边的海浪小多了，船也很稳。踏上陆地后还是觉得自己在晃啊晃的，两腿一发力，站稳脚跟，在心里大吼一声：薄荷岛，我来了！

12 点 30 分到达薄荷岛，地接黄女士前来接站。花了大约 20 分钟取了行李，我们随即驱车奔往酒店。BlueWater 酒店第一眼看上去就很不错，有当地特色和民风的感觉，两排宾馆中间是一个不小的游泳池。由于 Check-in 的时间是 15 点钟才可以，我们只能先去吃饭。这是一个中国人开的海鲜馆，24 人分成两桌，我每桌点了一个海鲜拼盘，大家吃得很开心。

只是孩子们觉得太辣，他们似乎更喜欢西餐。但就餐期间的一个细节让我觉得这个餐馆不够专业，那就是厕所坏了竟然不修，让客人到隔壁的家庭里方便，那其实就是不方便。

席间，我做了一件有趣的事情，就是请来自首都师范大学实验小学的张紫涵站在吃饭的椅子上给大家做了一场报告。这个只有 10 岁的北京小女孩，竟然十分流畅地做出如下的口述：**大家好，我叫张紫涵，下面我**

给大家介绍一下海龟的四个特点：（1）它是海洋中的老寿星，最长寿的海龟能活到150多岁。（2）没有牙齿。海龟没有牙齿，但是它的嘴却像鹰一样锐利，可以将螃蟹、水母等食物全部磨碎，就连珊瑚缝隙中的小虾和乌贼，它也能轻易找到并吃掉。更厉害的是，有些海龟的食道里还长着锋利的尖刺，这些尖刺让猎物无法挣脱。（3）擅长游泳。在大家的印象中，龟肯定是慢吞吞的，你一定不知道海龟竟然是游泳健将吧？事实上，它的游泳速度可比人类快多了。（4）和陆龟不一样。海龟和陆龟虽然都是龟类家族的成员，但是，它们长得可不太一样。为了适应大海中的生活，海龟的四肢已经变得像船桨，这让它能够自由地游来游去。还有一点，陆龟可以将头和四肢缩进龟壳里，躲避危险，但是，海龟可就做不到了，当危险降临，它只能勇敢迎敌！我再给大家介绍一下海龟的旅途和它产卵的秘密：在繁殖季节，海龟会从觅食之地迁徙到海滩孵蛋。海龟的旅途有多远呢？对某些绿海龟而言，这是一段长达3000千米的海上旅程。但这并不是最远的纪录。一些蠵龟在墨西哥和日本之间迁徙，横跨整个太平洋。洋流能帮助它们迁移，但整个的旅程要花费它们一年多的时间。海龟生活在大海里，可是一到繁殖的季节，海龟妈妈就要爬到岸上，把卵产在沙滩上。这是为什么呢？原来海龟没有鳃，在水里没法呼吸，假如在

海里出生，小海龟就会被淹死；而且，海水的温度太低了，没法让蛋孵化，所以，小海龟们总是在沙滩上出生，然后再回到大海的怀抱。在母海龟产下的 1000 枚蛋中，只有一只能长成成年海龟。原因如下：母海龟产下约 1000 枚蛋，把它们埋在沙滩上。约 800 枚蛋能孵化出小海龟，其余的根本不会发育完全。约 400 只小海龟能够成功逃离沙滩，进入广阔的海洋。其余的会被蟹、鸟类及鱼类吞食。约 200 只小海龟能够在海里生存 2 ~ 5 年，其余的会被掠食者吃掉或被人类捕走。1 只海龟能活 30 到 70 岁，其余的成为鲨鱼、捕捞者的牺牲品，或死于疾病。演讲完毕，在场所有的人情不自禁地鼓起掌来。

吃完饭回到酒店，办理入住，我们休息到 17 点钟。17 点钟，我们准时从酒店出发，去蜜蜂农场。所谓的蜜蜂农场，其实是一个在海边峭壁上的酒店群，还有卖蜂蜜、冰淇淋等的小店，但我们确实没看到蜜蜂。

在蜜蜂农场，我跟王喆到小店里买了几瓶蜂蜜，感觉是比国内的便宜又纯。随即，我们又到海边的躺椅上，舒舒服服地享受大自然的静谧。然后回来跟大家会合，一起吃了晚饭。19点钟，我们再出发，到一个小码头乘船去看萤火虫。皮立声写道：两岸的豆麦和河底的水草所散发出来的清香，夹杂在水汽中扑面吹来；月色便朦胧在这水汽里。淡黑的浓密的树木，仿佛是踊跃的铁的兽脊似的，都远远地向船尾跑去了，但我还是觉得船有点慢。清风拂面，带来一丝惬意。船每到有闪闪发光、若隐若现的树边便停下来让我们细细观赏，萤火虫们都聚集在树梢，环绕着树梢飞来飞去，活像盘绕挂在树上的小灯。

来自北京中关村中学的莫晓沨对萤火虫的描述似乎更加有情感：给我印象最深刻的是第三天，我们乘船到达了美丽的薄荷岛，晚上，我们乘小船，伴着朦胧月色去河边密林看萤火虫。这里据说是世界上最适合观看萤火虫的地方之一，我本以为能看到漫天的萤火虫如繁星般浮满天空，却惊诧地看到了几棵芒果树上，萤火虫在那里忙碌、穿梭、聚集在树枝间，感觉很像人工装点的美丽圣诞树。我们尽量放缓动作、放轻呼吸以免扰散这轻盈的绿光。听长辈人回忆说，以前在北京的郊区也有数量可观的萤火虫，那时的情景要比眼前的更令人震撼，孩子们的一项娱乐活动就是将萤火虫抓来放在瓶子里，作为夜晚的灯光，那是一个浪漫的时代。然而现在，随着北京的城市化与城市用地的增加，北京的自然生态被严重破坏，雾霾扬尘侵袭，在冬天干燥得厉害，甚至连雪也“逃

离”了北京。当然，现在的孩子们再也见不到萤火虫了。萤火虫（英文：Firefly）又名夜光、景天、如熠燿、夜照、流萤、宵烛、耀夜等，属鞘翅目萤科，是一种小型甲虫，因其尾部能发出荧光，故名为萤火虫。这种尾部能发光的昆虫，约有2000种。成虫利用物种特有的闪光信号来定位并吸引异性，借此完成求偶交配及繁殖的使命，少数萤火虫成虫利用闪光信号进行捕食，还有一种作用是作为警戒信号，即当萤火虫受到刺激时会发出亮光。萤火虫非常脆弱，对环境要求特别苛刻，它们只在空气极为干净、湿度非常大的环境中能存活，哪怕有一丝的污染，萤火虫也会消失殆尽。萤火虫数量的减少，正间接地证明着生态的逐渐破坏。眼前稀疏的萤火虫，虽然也有别致的美感，一明一暗的更像多云的夜空，像垂死的掌灯人。我心里默默地祈祷，希望它们在这繁殖季节平安快乐

地生下更多萤火虫宝宝，我也希望过几年我还能再来，看到萤火虫不止是在我们看到的三四棵树上，而是遍布整个树林和河床，为我编织一片温柔的荧光海洋。

金泽凯对观看萤火虫的渴望溢于言表：我们乘坐小艇出发去看我期待已久的萤火虫。对于生活在大城市的我平时没有机会看到萤火虫，因为它们对周边栖息的环境要求很高，在污染严重的城市中根本看不到，只有在野外适合的环境中才能看见。经过一段时间的航行，我看到远处一点点飘浮在空中微弱的光点，当我们的小艇慢慢靠近它们时，我惊讶地看到一棵落满了萤火虫的大树！如同圣诞树上挂满了荧色的小灯，一闪一闪的，璀璨梦幻。以前我在电视和书上看到过萤火虫，没想到会有这样一天，可以亲眼看到这么多神秘的小精灵，我急忙拿起随身带来的望远镜，我一定要看一看这美丽的小精灵到底是什么样子。哇！原来这些小家伙有着蜜蜂般的大小，尾部一闪一闪的发着荧色的光，仿佛提着小灯笼勤劳工作的小蜜蜂一样，超级可爱！我们的小艇继续行驶，我们又看到了三棵落满了萤火虫的大树。因为萤火虫怕光，整个观赏的夜晚，全船人都非常配合静静地欣赏着这些可爱的小精灵。在回去的路上，我问爸爸："萤火虫为什么能发光？"爸爸告诉我说："萤火虫发光，是因为它们体内有一种荧光素酶，当萤火虫呼吸时，酶与氧气结合就会产生一闪一闪的亮光，这亮光是为了求偶和吓唬敌人的。而且萤火虫的幼虫是吃农作物里面有害的螺类和蜗牛，是肉食的益虫。萤火虫还是人类环境保护的"小哨兵"。古时有"萤囊映雪"的佳话，有"夜光流萤"的诗意，说明古时随处可见萤火虫。但是现在由于环境污染和人为等原因，导致萤火虫就快消失了，所以在此真的希望我们大家保护环境，让萤火虫多起来，让我们的生活更加丰富多彩！

来自宁波的黄仁普先生对萤火虫也是情有独钟，也更知识化和理性化，他这样写道：萤火虫对我们50多岁的人来说，已经是曾经的美好回忆，小时候不仅到处能看到，而且也能抓到，总想搞清楚它为什么发光，却总也搞不清楚发光的原理，作为一个未解的谜题，随着年龄的增大、好奇心的减少、萤火虫的慢慢消失，渐渐地也就不了了之了。这次随同张教授去探险的菲律宾之行，有个行程就是观看萤火虫，我不由得又想起小时候那些魂牵梦萦的记忆。儿时的回忆从没有电灯开始，那时候没有随处可见的电线，电灯也还没普及千家万户，除了睡前偶尔用一下昏暗的煤油灯，趴在桌上看"小人书"。夏天纳凉的时候听老人讲故事，知道在晋代，有个叫车胤的少年，因家境贫困，点不起油灯，抓了很多萤火虫，放在一起用作照明来学习，便有了后来的“囊萤夜读”的典故。后来，我们读书的时候也跟着学，抓了几十只萤火虫放在玻璃瓶里，用萤火虫的微光在野外看书，知道了用萤火虫照明看书，可能是古时候哲人励志后人的一种方式，想真正用这个方法来看书也就是个传说而已。

现代研究表明，萤火虫的荧光是冷光源，它是由发光细胞、反射层细胞、神经与表皮组成。它发光的细胞内有种荧光素，主要含磷，当与氧发生反应时会产生荧光释出。全世界共有2000多种萤火虫，按习性分陆生萤火虫、半陆生萤火虫和水生萤火虫。它们的体长在1～2厘米，全身布满花纹，有一对可伸缩的触角，以吸食露水或花蜜为生，一生经历卵、幼虫、蛹和成虫四个阶段，喜欢生活在潮湿、温暖多水的草丛岸边，

我们看到会发光的成虫寿命也就 20 多天。这次在菲律宾的一个小岛的内河里看到的成群萤火虫，让人感受到了一种久违的初恋感觉，要知道，现在我们国内很少能见到萤火虫，看个萤火虫都要跑到国外，这也真是笑话。观赏之余，我们应该沉思：我们经济发展了，国力增强了，环境却遭到了破坏。萤火虫的消失，其实在向我们发出警告，河流水质污染了，农药使用太多了，空气有雾霾了……因为，萤火虫是个非常敏感的环境指示生物，没有了萤火虫，就表示这个地方的环境有问题了。

目前，国家在重视环保，我们也要自觉投入到环保行列，多用自然物品，少用化学用品。我们期待萤火虫回来的那一天，在清洁的河流、湖泊、湿地的旁边，静静地欣赏到萤火虫漫天飞舞的童话世界。

萤火虫聚集在同一棵树的树梢上，我们总共参观了四棵树上的萤火虫。树上的萤火虫跟天上的星星似乎混在了一起。

Day 4

巴里卡萨岛浮潜

5 点整，宾馆的叫早电话准时响起。起床，我们在宾馆吃早餐。这段时间是喜欢看海上旭日东升的人的美好时光，来自广州市花都邝维煜中学的吴嘉逸同学这样描绘道：凌晨，天色朦胧，天地之间一片昏暗，浪花轻轻地拍打着寂静的海面，微弱的蝉声和树叶拂过的沙沙声静静地为即将来到的日出做前奏。海的另一面是山，山与岸之间隔着一道海。海上泊着两三艘小船。开始，山那边的天，亮起了红云，山那边逐渐越来越亮，亮到我们都感觉太阳要出来了。忽然，山上一道光，像是盘古开天辟地时的情景，天空和海面的连接点忽然被猛地劈开，一团火红的红球缓缓地升了起来，被白光淡淡地围绕着，像是高贵而不可冒犯的神祇一般，神秘又难以触摸。太阳就这样冉冉升起。在阳光的照射下，天越来越亮。太阳燃烧着自己，为万物带来了光明，唤醒了沉睡的海洋，海面上的浪花儿被阳光轻柔地抚过，银白的浪花刹那间变成了金色，波光粼粼，一条鱼儿从水面跳出，扬起点点水花，似乎在呼叫它的同伴们一同出来嬉戏。船上的艄公也开始忙碌起来。天不再灰暗，透彻的蔚蓝，映着深邃的大海，我走下酒店台阶，深吸一口气，是咸咸的海风，脚上踏着柔软而细腻的沙子，海浪有节律地拍打在沙滩上，敲出了有节奏的音乐，是伴奏，也是清晨的结尾曲。

6 点 20 分，吃罢早餐，从餐厅入口处相反的方向，我们直接下水、入海、上船。

这里的海滩很平缓，海水非常清澈，清晰可见很多小海胆和海星。小船分两次把我们送到螃蟹船上，先是去看海豚。远远地，就看到前面有很多螃蟹船，围拢成一个庞大的扇形。地接小黄告诉我，那里应该就有海豚出没。于是，队员们睁大了眼睛，都想成为第一个发现海豚的人。我们的螃蟹船很快加入到其他螃蟹船的阵营中，大家一起寻觅海豚的踪影。忽然，三五只海豚在海面上跃起，船上立刻一片惊呼声，所有的螃蟹船都向海豚的方向进发。海豚对我们的渴望好像不怎么在意，很快便消失得无影无踪。过了一会儿，在另一个方向更远处，又出现几只。于是又是一阵欢呼、一阵追逐。方红曼这样描述寻找海豚的过程：我们乘坐的螃蟹船船标是条蓝鳍金枪鱼，迎着辣眼睛的阳光，我们去海上寻找海豚。船长和船员都是当地小哥儿，黝黑的皮肤，俊朗的外貌，在螃蟹船的各个位置都行走自如。相对于我们对菲律宾的一知半解，他们可能更见多识广、开朗大方。他们一面密切注意海面有没有海豚的踪影，一面关注着我们，温和地示意我们待在安全的地方，并在我们给他们照相时配合摆各种姿势。接下来的大段时间，我们所有人都

是“监视器”，搜寻海豚。一大群螃蟹船仓皇惊跳一般在海面上疯狂追逐，忽而向东，忽而向西，终于看到了海豚，深灰色，看起来三五只，不过海豚如惊鸿一现，根本照不到照片，我们这群人想无可想，纷纷对着海面自拍留念，不过我们已经算是幸运的，听导游小陈说，他去了 3 次，一次也没有看到。搜寻了大约一个小时，我们便径直朝巴里卡萨岛的方向驶去，目标是浮潜。巴里卡萨岛离薄荷岛约 45 分钟航程，有著名的巴里卡萨大断层，据说有 3000 米落差，还被联合国组织列为保护区域，是世界著名的潜水区，景观壮丽。

还没抵达岸边，远远地就看到巴里卡萨岛的标志。我们的船停了下来，船上的水手将救生圈扔进海里，他们自己也跳进海里，我们带上浮潜设备，

慢慢从船上走入海水中，开始浮潜。这里的水非常清澈，鱼的种类比墨宝多很多，尤其重要的是，几个船上的菲律宾水手服务态度比墨宝的强太多。我手里拿着队员张怡女士的水下相机，一通乱拍。

第一批人员潜水结束后，紧接着是第二批、第三批，大家都玩得兴高采烈。章叶妍这样写道：这个岛是个赤道珊瑚岛，位于海中央，是世界知名的潜水胜地。我们带上浮潜设备，从船上扶着绳子下水，海水有深蓝的、淡青的、浅绿的、浅蓝的，五光十色。踩下去凉凉的，爽爆了。正好可以解热，海水非常清澈，从海面可以清晰地看到海底的岩石上长着各种各样的珊瑚，有的像朵花，有的像鹿角。潜水下去时，可以看到小海胆、海星和小鱼儿，真漂亮！

方红曼的描述则更为细腻：近距离亲眼见到那么多各色鱼、珊瑚、海葵、海龟，这时候脑补一下BBC的《蓝色星球》吧！灵动的鱼扑面而来，蓝色的有天蓝、蓝绿、蓝紫不胜枚举，黄色也是柠檬黄、杏黄、土黄争

SEASAFE

奇斗艳，还有白头黑身子、黑头白身子、横的竖的黑白条纹多色拼接，光是黑白两色的鱼就有七八种之多。第一次浮潜下海，我规规矩矩地穿救生衣戴呼吸管，感觉总是在进水、抬不起头、清理呼吸管里的水一系列问题上忙活。后来问了教练，这里的教练也没那么教条，他让我不要远离他，可以干脆只戴面罩肺潜。脱了累赘的装备，一口气潜入大海，可以仔细观察珊瑚礁和进进出出的鱼，远处，老章招呼我们去看海龟，我迅速地游过去，马上就要追到了，却因为体力不够，目送着就在眼前的海龟自

在地游走了。海水在耳畔山响，但是内心却如此自由和平静，水面反射着耀眼的阳光，在这绿如蓝的海水里不愿浮出水面，是不是上辈子真的是某种海洋动物？

中午，在巴里卡萨岛上吃午饭，是当地一个农户家庭准备的，我记得最清楚的是有鸡腿，因为吃完了鸡腿，孩子们争着拿骨头喂狗。吃完饭，我带领大家跟当地的孩子们一起玩耍、拍照，没想到这个女主人竟然讨要跟孩子们拍照的钱，让我感觉有点大跌眼镜。随后，我们在海滩

上买了一点纪念品，我买了两个当地特产的螺。同行的黄老师后来帮我鉴定，是银口蝾螺（*Turbo argyrostoma*）和赤旋螺（*Pleuroploca* sp）。

随后，我们再登船，驶向处女岛。行驶一段时间后，船停了下来。原来，几个水手要帮我们潜水抓海胆吃。十几分钟的时间，他们抓了两桶，大家品尝得津津有味。章叶妍也很喜欢海胆的味道，写道：**几个水手冒着倾盆大雨帮我们潜**

水抓海胆，不一会儿就抓了两桶供大家品尝，海胆鲜美、甘甜，比蟹黄好吃多了，不放盐也鲜美自然。回想起来时真想再尝尝。

秦企萱这次跟海胆的接触经历有点与众不同：船员们出发去抓海胆，小船很快就回来了，带回来两大桶海胆，还有海星，我们近距离观察并试吃。我右手托着白棕色白刺海胆，左手托着深棕色红刺海胆，看了这大小外观都像极了马粪球儿的海胆，我深信原来见到的和吃的那都不叫海胆。各色不同海胆，干净得可以直接挖吃，这些刺还蠕蠕挥动的家伙，我居然觉得可爱，我有些可怜这两只自己拿着把玩了半天的海胆，偷偷把它俩放生回了大海，呵呵，但愿没吃够的伙伴儿不要责怪哟。船员还从海里托举出一条大肉虫子，同行的老黄告诉我们这是梅花参。它通体滑滑黏黏的，还很有分量，大家看完后放生了事。菲律宾真是宝地，仿佛从未开发，这次旅行充满可遇不可求的未知数，这恐怕也是我们觉得非常有趣的一方面，但愿我们过几年还能再来，看到这一切风景原封未动，还是丰富、淳朴、自然。

关于海胆和海星，宁海县海洋生物博物馆创办人黄仁普先生给了一个很专业的介绍：在海中潜水，美丽妖艳的珊瑚礁块似乎就是整个海底世界的全部，分布广，品种多，色彩鲜艳，层次感强，鱼儿穿梭，如此画面，就是初潜者眼中最初的影像。而对于潜水高手，他们所注重的目标则是小众的海洋棘皮类生物及其他一些少见的生物品种，而海底较多的棘皮类动物就是海星与海胆，因为在平常生活中，我们看到的很少甚至几乎看不到，故欲探究。海星生活在海底，这种生物种群数量不算多，现存种类1600余种，广泛生活在砂质及软泥海底、珊瑚礁与深海之中，在水深1米左右的海底就能见到它们。它们以五腕居多，也有四腕与六腕，体扁平，呈星形，海星由此而得名。海星身体由许多钙质骨板交叉结缔组织连接而成，体表长有瘤或疣，也有长小刺的，腕下有管足，用于狩猎食物和攀爬，个体大小0.02～90厘米均有，个体差异大，瘤、疣、小刺排列不一。色彩较丰富，红、黄、蓝、白、橘红、紫色等均有，也有混色的。海星行走方式是用腹腕伸缩蠕进的。食物以各种无脊椎生物为主，还有很大一部分以珊瑚虫为主，会破坏珊瑚的体表，影响珊瑚的生长发育，造成珊瑚大面积死

亡，因此，海星是珊瑚的死对头，所以，海星在海洋保护区中是不受欢迎的，也幸亏有大法螺这种以海星为主食的贝壳成为珊瑚的保护神。

海星的个体寿命可达 30 多年，不仅形态和色彩对人类的艺术和设计有着巨大的贡献，更是浸泡补酒的良材。海胆与海星一样，同属于棘皮类动物，主要生活在海洋浅水区，在有的地方不用潜水就能见到它们的身影。它们生活有个特征，喜欢躲进礁石岩缝之中，形状多以球形、盘形、长圆形或方棱形为主，身体结构以内板骨骼互叉愈结而成，结构纹路像人脑愈合缝。海胆最好玩的是它的咀嚼口器，像人类挖井用的机械掘井提爪，人们称之为“亚里士多德提灯（Aristotle’s lantern）”，这大概是人类工程师仿照它而生产的吧。这种以藻类、水螅虫、蠕虫为食的生物，周身长满棘刺，有“海底刺球”或“龙宫刺猬”之美誉。海胆浑身裹满尖刺，犹如刺猬一般，让人难以下口，别的生物想吃它很难，故海胆的生活相对来说是比较悠闲的。

这次潜海，张教授请水手抓海胆给我们吃，不到15分钟，水手就抓了两桶，可见海底海胆多得不得了。美味鲜口的海胆性腺，含丰富的氨基酸、甘氨酸和谷氨酸，可作为食补之物，真可称之为美味佳肴。还有一种长满粗棘的海胆，色彩艳红，棘刺粗壮，当你捞起它的时候，它挥动自己的“盔甲武器”，会发出格吧格吧的声响，煞是好玩！

去掉海胆表面那些令人觉得恐怖的针刺，你会发现意想不到的美感，不管是它们本身的造型还是组成结构都令人惊叹大自然生命与生俱来的

鬼斧神工的“建筑”能力。在我们宁海县海洋生物博物馆的仓库里，你们将会看到一个奇妙的海胆世界。海底的海星犹如天上的群星，色彩亮丽，美不胜收；而海胆却周身长刺，无所畏惧，敢追敢游。人类的生活何曾不是由这样的元素构成，主角不同，哲理相近。

品尝海胆的过程中下雨了，我们也稍事休息。雨一停，我们便换乘小船去处女岛。远远地望去，在很浅的沙滩处，一些用木棍、竹子搭成的小棚子出现在我们面前，有一二十个。走近一看，原来是当地人卖烤螺、

炒鲍鱼、油炸香蕉等等。天津市前程小学三年三班的张瀚文写道：这是一片细细的沙滩，涨潮的时候，海水会把整个岛给淹没，海水一直没到我们的膝盖处。我们在海水里走来走去。海水非常清澈，颜色各有不同。有黄色的、绿色的，还有蓝色的。黄色的下面是沙滩，绿色的下面是珊瑚，蓝色的下面是深海。一些当地人在沙滩上立了几根杆子，搭上棚子就在水上做起生意了。有的卖海参，有的卖海胆，有的卖海螺，还有的卖鱿鱼。可以烤着吃，也可以生着吃。同船的葛叔叔吃了两个烤海螺，据说

味道非常鲜美。我还看到一条30多厘米长的鱿鱼，身上不断闪着黑点，爸爸说那是鱿鱼的应激反应。还有些当地人在卖珍珠，价格并不便宜。这几个小棚子构成了一个水上的海鲜市场，看起来真奇妙！

来自北京的莫晓沨这样描绘处女岛的白海滩：处女岛上有一个建立在浅海沙滩上的小集市，站在湛蓝的海里，看着几艘小船漂在大海中央，几个棚子直接立于海中，卖着一些奇异的商品。这对我来说实在是觉得有些新奇。然而正当我下船准备拍照留念时，几个做生意的菲律宾人带着装满珠宝的盒子一拥而上，操着一口蹩脚的中文向我推销自己的珠宝。为了躲避他们的推销攻势我摔了一跤，他们才停止对我的纠缠。这说明

中国游客的消费需求对菲律宾人影响不小，间接地在消耗当地的自然资源，改变着菲律宾人的经济头脑和价值观。

15 点左右，我们回到宾馆休息。18 点出发吃晚饭，分为两个餐厅，一个还是前一天的海鲜，另一个是中餐馆——香宫。在这里，孩子们吃得很开心。一盘西蓝花不够，又追加了一盘。

Day 5

看眼镜猴、溜索

今天是行程安排较为轻松的一天，皮立声这样描述上午的行程：今天终于不用早起了，我们9点出发驱车前往保和岛中部的巧克力山。这里每到夏季，“干草堆”都会干枯，转为褐色，犹如一排排的巧克力排放在大地上，巧克力山这个名字由此而来。现在正值春季，一个个的小山包呈现青郁色，在椰树林中显得尤为瞩目，在这里我们看到了典型的热带地区的原始森林。从地质学上来说，关于它们形成的原因最能被普遍接受的理论是，这个岛屿是从海里上升形成的，巧克力山是上千年的雨水对地上的贝壳、珊瑚岩层，以及不透水黏土层冲刷的产物。随后我

们去看了眼镜猴，这是世界上最小的猴子，眼镜猴体型小，眼睛大而圆，像带了副眼镜，所以得名眼镜猴。它的尾巴很长，跳跃行动，讨人喜欢。当看到它们时，第一反应是像老鼠，它们有着老鼠一样的尾巴，抓在树上一动不动，小头朝身后扭着，看来不仅憨态可掬还有点害羞。接下来就是游罗博河了，罗博河长58千米，两岸是茂密的热带植物，有各种鸟类，被誉为“东方亚马孙河”。颇为别具一格的是，

中午饭在船屋上吃自助餐，就这样边吃饭边伴随着美妙的歌声坐船游览。

船行驶到尽头，我突然发现天空有溜索的，这勾起我极大的兴趣，因为我一直在寻找机会玩玩这有点挑战性的活动。船返回的途中，停靠在一个大妈音乐表演队的台前，我们有队员下去参与跳舞，当然最后还不忘给点小费。除了观看大妈表演，我们自己在船上也是自娱自乐，我

随着中国音乐的响起，也跃跃欲试地唱了两首卡拉 OK 歌曲。沿着来路，船缓缓地停靠在出发的码头，对面一棵大树上，几个当地的孩子不断地从树上往下跳入河中，他们的童年可能就是这样在水上欢快地度过的。

张宗亮的妈妈周桂蓉女士对罗博河游船活动颇为喜欢，她这样写道：罗博河风光秀美，阳光洒满水面，碧绿的水色既明媚又靓丽。我们包了一条游船，大家坐在游船上享受着当地特色的美食，听着菲律宾歌手的倾情演唱，顿感微风拂面，空气中都带着芬芳。在慢悠悠地行驶中，在平静的河面上，一路欣赏沿途

青山绿水的风采。船上歌手现场演唱怀旧老歌，也有中文版的。正当大家尽兴时，张教授拿起麦克风为大家演唱了中文歌曲，歌声很美，把“演唱会”推向了高潮。游船在回来的路上行驶到一半时，慢慢靠岸，早已等候在那里的当地人穿着盛装，人手一把尤克里里，边唱边跳迎接我们这些远来的客人。歌舞进入尾声时，还拉上游客一起互动，跳起了竹竿舞。欢快的气氛，让人心潮澎湃。正当我们在绿色的河道上行驶时，突然发现了几个当地的小孩“高超”的跳水表演，真是让人感到赞叹不已。这种慢节奏和与大自然的亲密接触，真的是让我们终生难忘！

上岸后，我们临时决定驱车去溜索处看看。经过短暂的观察，我得出两个结论：第一，很安全；第二，很便宜。于是，我们当场决定大家

自愿参加溜索活动。我对这样的活动永远是第一个接受挑战，带着十几岁的小吴同学，隔壁是老金和他的儿子，我们张开双臂，沿着索道，滑向天空。

王姝详细地介绍了溜索的过程：售票处人不多，旁边溜索返回的人有欧美、韩国游客。这里有两种选择，一种是当“超人”自己飞，一种是坐缆车，往返方式自由选择。为体验刺激，我们同团参加的人都选择溜索自己飞。让我意外的是，平时谨慎小心的 9 岁儿子也愿意参加这个探险活动。索道工作人员告知，小孩必须有大人陪同一起溜索。经历几天旅行建立友谊的孩子们，本来想两两组合一起溜索的想法被“打碎”了。重新排列组合，一个成人带一个孩子按顺序出发。成人需要戴安全帽，孩子没有。工作人员解释：因为成年人头容易撞到头顶的索道，而对孩子这个风险较小，所以不需要戴安全帽。儿子和我趴在溜索装置中，腿抬离地面，手扶地。因为这是儿子第一次参加如此刺激的活动，我告诉他如果害怕就喊出来；其实，我心里也很紧张。工作人员一声“Go”，我们就出发了。刚滑离出发台时，速度较快，身体悬浮于空中，异常紧张，一颗心猛烈地跳动，不自觉地喊出声音。儿子被这种高空悬浮飞行的感觉震撼，也喊了出来，抓紧了我的手臂，能感受到他的紧张、害怕。刚开始飞行时，身下是满山的绿荫，距离很近；随着渐行渐远，绿荫随山势逐步退低，两山中间是我们游览的绿色罗博河，像一条晶莹的玉带盘绕在山间。滑到索道中间时，速度放缓，山间的风吹拂身体，索道也在风中微摆。刚才悬着的心慢慢放松下来，放眼欣赏高空角度的罗博河山水风光，仿佛像鸟儿一样自由地飞翔在山水间。期间，感觉儿子紧抓着我的双手也放松了，露出笑脸，看来我们的心路历程都一样啊。我们飞过河流，随后身下又是一片高山绿荫，滑行速度逐渐加快，冲向对面山的中转站台。儿子担心地喊：“要撞到了”，忽然速度放缓，我们滑到站台稳稳地停下来，

安全着陆。因为是往返溜索安排，我们在中转等候区平复心情，与其他伙伴交流感受，心想返回的溜索要以更加轻松的心情体验。返回滑行中，儿子不再抓住我的手臂，而是咯咯地笑了

出来，告诉我好开心呀。我们在高空飞过，留下惊叹和笑声在山间回荡。战胜恐惧心理，刺激又开心。再次回到地面，当地工作人员知道我们是中国人，随声说出："恭喜发财，红包拿来"，引来大家捧腹大笑，原来"中国红包"这样时尚流行！

溜索结束后，我们返回宾馆，18 点大家一起外出到香宫饭店吃饭。受前一天孩子们喜欢吃中餐的鼓舞，我又按照前一天的食谱点了餐，结果是孩子们喜欢，大人不太喜欢。皮立声这样写道：一桌十几个菜就只有一个蔬菜蒜蓉西蓝花，其他全是大肉，像烟熏肉，烤鸡，烧腊，白肉。这回可真是吃了一顿杀猪饭啊。王喆在回程的路上则告诉我：这是此行她吃的最难吃的一顿。哈哈，真是众口难调啊！

回到房间，我很快就睡着了。几个小时后醒来，竟然再也没有睡意。我一看表，清晨 2 点多钟。我走出房间抽了颗烟，心血来潮，穿上泳裤在游泳池里游起泳来。

Day 6

浮潜看鲸鲨

早晨5点，电话铃声准时响起。原计划早餐后6点出发，由于船晚到，大家都上船后已经接近7点了。但皮立声的心情似乎不错，他这样写道：

吃完早餐就从餐厅旁的海边出海了。餐厅旁有一个沙滩排球场，海边有几个茅草搭的遮阳伞，下面是躺椅。能想象夕阳西下时，在海边躺着静静看着晚霞映红半边天的景象是多么惬意。远望水天相连，翡翠和蓝玉合璧，蔚为壮观。俯瞰清澈明亮的海水，龙虾、燕鱼、海龟五彩缤纷，令人心旷神怡。碧波浩渺的海域，连浪涛都是美的，每一个浪头都托起洁白的浪花，一团团，一簇簇，仿佛是欢迎的人群在挥舞着花束。

今天的船比两天前浮潜的小很多，因为只有20人，还勉强能坐得下。天气稍微有点阴沉，所以海上的浪也略微有点大。行驶的过程中，不断有浪打进船里，我的后背不断被冲进来的海水袭击，整个身体都是湿的。尤为严重的是，船行驶过程中，竟然似乎出了故障，一个水手用锤子叮叮当当地修了起来。终于，我忍不住了，招手把地接黄女士喊了过来，质问她："为什么今天是这么小的船？"她竟然回复："不知道啊！"我再问她："我们支付的费用是大船的还是小船的？"她回答："大船的。"我说："那不就得了吗？不要跟我说不知道，你马上处理，这多危险啊！"我看得出，她也很紧张，马上开始用手机联系船务公司。过了一会儿，她竟然过来跟我说："要不咱们开回去吧。"我问："为什么？"她说根据天气预报，下午有雨。我更加生气了，嚷道："你开玩笑，我们来的目的就是看鲸鲨，没看到鲸鲨就掉头，哪有这样的道理。你联系船务公司，下午返程必须派给我们大船，如果需要额外的费用我可以支付，但必须保证大家的安全。"于是，她又开始用手机不停地联系船务公司。

经过两个多小时颠簸的行程，我们的船终于抵达Oslob岛。上岸，换乘当地的嘟嘟车，我们到了观看鲸鲨的码头。这里可以说是熙熙攘攘、

人头攒动。我们聚集在一起，黄女士跟当地的浮潜公司接洽后，拿出一张纸，给大家读了一遍看鲸鲨的注意事项，主要是不能伤害到鲸鲨。随后，

我们六七个人一组乘坐小船下海了。小船颠簸得非常厉害，大约有 10 只鲸鲨在我们的区域里，当地船员不断给鲸鲨食物，我们的船有时距离鲸鲨不过三五米。我和王喆用张怡的水下相机拍到了几张。

关于浮潜看鲸鲨的过程，皮立声写道：鲸鲨是世界上最大的鱼类，身体庞大，全长可达 20 米。体表散布淡色斑点与纵横交错的淡色带，有如棋盘。岸边，饲养员们通过喂食把这些大鱼吸引过来，人们就在他们周围看，这可比水族馆的看着真实多了，它们游过来时，能清楚地看到有好多条小鱼依附在鲸鲨的侧鳍上一同游动。

方红曼的描绘则更加细腻：浮潜是 6 ~ 8 人一船，人都在螃蟹船的“脚”里浮潜，我和老葛巧不巧就落在“脚”外边。喂食小船引着鲸鲨过来，这优美的大家伙让我想起了大鱼海棠，我们潜下去看时，带我们的菲律宾船员不断叫“BIG BOSS，BIG BOSS”。它们从我身边经过，看起来游得好像慢动作，光滑的尾巴扫过我的腿，一股巨大的水流带动我上下左

右摆动……它们如此巨大，吃的却是虾米皮一样的小虾干儿，招来很多其他的鱼与它同行，贴在它肚子或是尾巴上，跟它一起游走，真的是大哥风范。今天所有的不适瞬间灰飞烟灭，从早晨开始衣服就是湿的，中间干了湿、湿了干不知几次，船的颠簸晃晕了好几个同伴，疯狂的嘟嘟车不知要把我们带到何处……忍受着我这种细皮嫩肉的办公室懒虫从未经历的艰苦，就为一睹鲸鲨这种可爱巨大的生物，值了！我觉得鲸鲨一定是有思想的，它们只是一边吃喝玩乐一边表演给我们看，我们如同乡下土包子被超模非凡的美貌吸引，它温柔地游来游去，然后又自如地转身回到我们身边来。看鲸鲨时间也就 20 分钟，不过也已经满足。

中午在码头午餐，我有点头晕，没怎么吃。午饭后返回，换乘一条大船，有几个不懂礼貌的老外在同一条船上。返回的途中下雨了，我也吐了一次。两个小时后登陆，换乘当地的车，我和老葛外挂着到了宾馆。

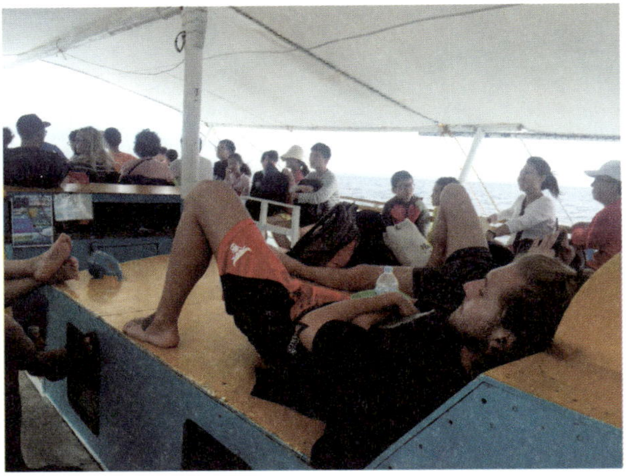

辛苦的一天，难掩看到鲸鲨的喜悦，皮立声这样描述夕阳下的海景：活跃了一天的太阳，依旧像一个快乐的孩童。它歪着红扑扑的脸蛋，毫无倦态，潇洒地从身上抖落下赤朱丹彤，在大海上溅起无数夺目的亮点。于是，天和海都被它的笑颜感染了，金红一色，热烈一片。时光悄悄地溜走，暑气跟着阵阵海风徐徐地远离。夕阳也渐渐收敛了光芒，变得温和起来，像一只光焰柔和的大红灯笼，悬在海与天的边缘。兴许是悬得太久的缘故，只见它慢慢地下沉，刚一挨到海面，又平稳地停住了。它似乎借助了大海的支撑，再一次任性地在这张硕大无朋的床面上顽皮地蹦跳。大海失去了原色，像饱饮了玫瑰酒似的，醉醺醺地涨溢出光与彩。人们惊讶得不敢眨眼，生怕眨眼的一瞬间，那盏红灯笼会被一只巨手提走。我瞪大双眼正在欣赏着，突然那落日颤动了两下，最后像跳水运动员那样，以一个轻快、敏捷的弹跳，再以一个悄然无声、水波不惊的优美姿势入了水，向人们道了“再见”。

18点钟，晚饭在宾馆吃的，自己点，我要了一个大拼盘。吃饭时有当地歌舞，一些队员也跟当地的演员一起欢快地互动起来。

Day 7

返回杜马盖地

早晨5点钟，准时叫早。匆匆吃过早餐，我们6点准时出发，直奔码头。7点30分开船，两个小时后返回到杜马盖地。这一次，小陈带着三辆车，准时前来接站。在菲律宾的最后一天，我们的计划是逛商场和休闲购物。

驱车来到第一家商场，说实话，真没太多东西，我和王喆买了一点芒果干。商场最上边的五层，是一个个卖特色餐饮的档口，我们俩要了五个炸虾、一小碗米饭、一碗汤，仅花费115比索，相当于14块人民币，感觉真是便宜。

12点30分，大家吃完饭后如约会合，我们驱车去第二家商场转转，这一家新一点，规模差不多，我们买了一个鲸鲨的冰箱贴，便没有其他东西再好买。随即，我们驱车去机场。路上，我看到杜马盖地的标志景点，紧急喊车停下，我们照了一张全家福，留作纪念。

15点，抵达杜马盖地机场。16点，飞机准点起飞，不到两个小时，抵达马尼拉机场。在马尼拉机场，我跟大家商量：大家有两个选择，一是在机场等候，直到半夜下一个去广州的航班；另一个选择是到十几千米之外的亚洲购物中心去逛逛。结果，包括我在内一半多的人做了第二个选择，我们在购物中心闲逛，吃了点日本冷面，22点左右回到机场跟大家会合。

凌晨2点多，飞机从马尼拉机场起飞。我们一行24人，满载着对菲律宾之行美好的记忆，打道回府。

美丽的薄荷岛、杜马盖地，再见了！友善祥和的菲律宾以及菲律宾人，再见了！

#Dum
DUM

GeTmE
GUETE

总结篇

第一次出国的许心仪同学这样总结自己的菲律宾之旅：早在好几年前，我就想过如果我要出国旅行会首先去哪个国家。韩国、日本、美国、还是西欧各国？但没想到的是，第一次出国是去了菲律宾。出国之前家长千叮咛万嘱咐，说菲律宾如何如何不安全，让我多加注意，还说尽量不要和菲律宾人交谈，防止受骗等等。可是等我真正到了这个有着7000多个岛的热带国家时才发现，有些顾虑其实是没有必要的。国内新闻中有关菲律宾的报道不是百分之百正确的，要想真正去了解和感受一个国家，不能只从新闻媒体、大众言论入手，而应该是去走进它、体验它、观察它、领悟它。如果要用几个词来概括形容菲律宾的话，我会用"礼貌友善的菲律宾人、装备简单的嘟嘟车、西式海鲜、独特历史"来形容。菲律宾人会用真诚友善的心来和每一个人交流，主动和你打招呼、主动拉过行李、在你需要帮助的时候会给你周到的服务，这种安心的感觉是在其他地方鲜少感受得到的；菲律宾是一个发展中国家，这趟行程下来给我的感觉是只有首都马尼拉有城市的感觉，其他的任何地方都还有极大的发展空间，人们出行主要靠嘟嘟车和船只，轿车只限于大的岛才会普及一些；由于殖民统治，菲律宾的文化中有着浓厚的西式气息，就语言而言便是双语交谈。纵然菲律宾有自己的语言，但是每个人都会说两种语言，这无可争议的暗示了在菲律宾曾发生的历史。

莫晓沨对菲律宾之旅的总结似乎更加全面：菲律宾的气候是季风性热带海洋性气候，相比北京干冷的冬季，这里令人身心愉悦。自我来到这里几乎每天都是晴天，与预先查的天气预报有些不符，唯有一天回酒店时下起了特大暴雨，如银河倒泻，却也是一种奇特的天气。一到菲律宾，便被这里的风景所吸引。绿色的热带植物，青蓝色的海洋，这片充满自然气息的土地随处都是风景，随手一拍都能拍成一幅绚丽的风景画。菲律宾全年高温多雨，作物不用适时而种，没了农时，人们不必太过担心播种收获的季节，于是这里的人们都过着悠闲的慢节奏生活，在这里的这段时间，虽然被菲律宾人延误过几次，但是在等待的时间里却让我们享受到了热带地区特有的闲适。菲律宾人热情如斯，听去过其他几个东南亚国家的人说，菲律宾人是对来客最热情、最体贴的。这几天来，也确实享受到了菲律宾人全方位的服务，这令我们的旅程十分愉快。在海上，热情的水手带我们乘风破浪，用小船带我们去到周边的各个岛屿；优秀的潜水教练带我们下到海底，带我们看到了许多在其他地方没有人能够带我们看到的以及菲律宾特有的奇景，河上行船，我们享受风景的同时，也有和善的菲律宾音乐人为我们伴奏合唱。我们在这里之所以能够大开眼界，都是拜这些尽职的菲律宾人所赐。我们也一一观赏到了菲律宾的不少奇景，从海底到山顶，我们看到了沙丁鱼成群结队地在海洋里迁徙；浅海里海龟与热带鱼结伴一同遨游在清澈的海水中，巨大的鲸鲨浮出海面，轻轻游过我的身边，溅起巨大的浪花；在飞速行驶的船上看着海豚与我们互相追逐；从平地突然耸起的一座座巧克力山，山腰上攀爬着眼镜猴，睁大眼睛好奇地看着游客们；我也登上山去，在绳索的帮助下飞过碧绿的山谷，留下了点点滴滴美好的回忆。一路上，摄影是必不可少的，在这如此美丽的奇景下，就连不擅摄影的人也留下了许多美丽的风景照片。如今菲律宾虽然没有太过城市化，然而，人们对这些美景过度的开发也造成了严重的破坏。巧克力山上，世界各地的游客将此堵得水泄不通，留下了白色的垃圾；鲸鲨周围，浑浊的海水与成群的人类影响着鲸鲨的生活环境。或许，正是我们这些游客对这些美好景物的过度追捧导致了对这些美好事物的破坏，我们的来访，虽然为菲律宾带来了可观的经济效益，却也在一定程度上导致了这里的自然生态的破坏。景点设施的建设、度假村群的开张、第三产业的兴起……这些都会占用自然资源，对环境造成或多或少的破坏。而经济不发达的菲律宾，必然要靠旅游业发展经济。我很担心这里逐渐会向三亚那种著名的热带海岛旅游胜地靠拢，使景色反而失去了其特点，与其他地方别无二致。如今的菲律宾，还仍然是一个充满野性、浑然天成的地方，它的人民也是如此地淳朴和好客。然而这里也或多或少地遭到了一些破坏，虽然这些很难避免的，但作为游客的我们或许能够约束自己的行为，尽量少影响这里人民的生活，或许能够使这里的美丽环境、丰富的自然资源能够更久的存在，我们这些不速之客多有打扰啦！可爱的菲律宾！

来自厦门的章卫国先生的总结则是：转眼期待已久的菲律宾亲子旅行就将结束，刚和家人分享图片时，又把这几天的图片看了一下，真是有很多经历的、看到的打动人心的美景！第一次实地感受了海底世界的美！第一次深潜、第一次浮潜：深潜开始有些紧张，当掌握方法后就更轻松地欣赏美丽的海底世界！在海上追寻海豚！惊喜不断！虽然是远看海豚在海面翻滚！依然满心激动！而前往浮潜途中快靠岸的时候，海面出现海龟，很是惊喜！浮潜时，一头海龟从身边经过，我大声召唤“海龟”，然后继续浮潜追海龟，海龟不紧不慢！我和它最近距离不到 0.5 米，而后海龟越游越远，我也就停下了！回头看有两位同行的伙伴在继续追！其中老葛的妹妹有看到海龟！看吴伟卿先生手持着相机在追，我想拍出照片一定很精彩！后来我问吴伟卿 ，他说没看到海龟！在浮潜的岛上有一群小孩子在玩耍，他们在一个连接树的滑梯上爬上滑下，有个大概三四岁的小孩子特别可爱，和大家一一握手的情景现在想来依然很有趣！我们各自和这群小朋友合影了！昨天去看了眼镜猴，眼睛大大的！拍的正眼看你的照片时，感觉就在对你在笑！很萌！吴嘉逸说可做表情包！白天这看似懒懒的可爱的在地球上生存了4500万年的物种因为是吃昆虫的生灵，晚上应该是很灵活的，张教授说能跳几米远。眼镜猴的照片我看了一次又一次，每次都觉得很有意思！今天去看鲸鲨，早上上船前，我又去找海星、海胆！第一次看到蓝色海星，拿起和大家分享，几位小朋友、大朋友都手拿着海星照了相。张教授分享了他拾起的海胆！我们家的女儿和张子涵分享了寄居蟹！而后我们登螃蟹船去看鲸鲨！看过船划过的海面，惊叹于纯净而又深蓝的海水，360度扫过海面，一望无垠！我和同行说："哇！看不到边！"同行说："这样一看，就知道地球是圆的。"而后看到远处有一道山的模样，船越驶越近，山越来越清晰。看似很近，而行驶时间不短。去的时候是阴天，浪有些大。感觉船行驶得不太稳。海水不断打到大家的身上，有点小惊险。回来时张教授调整到另外一艘船，又快又稳，虽然途中遇到小雨。第一次浮潜看鲸鲨的过程很是惊喜：基本上可以说是零距离！看到鲸鲨轻触过老葛兄妹，很是羡慕！我被呛了几口水，我说也分享了一点鲸鲨食物的味道，这样我心里也平衡些。还有很多惊喜的点滴：巧克力山、水煮海鲜、罗博河、竹竿舞、bluewater酒店的园林和点滴打动人心的设计！难忘的旅行就要结束了！期待再相逢！

王喆的回忆是这样的：回到家一周了，我仍然非常怀念在菲律宾度过的快乐假期。因为把大量精力和能量都撒到了菲律宾和大海中，回国后我大睡了两天。休息之余，跟旅行同伴们在聊天群里分享照片和经历，大家都跟我一样地怀念。之后的连续四天，我每天都能梦见大海和潜水，大概是对潜水的体验印象太深刻了，还意犹未尽。在菲律宾的7天里，有三天的潜水活动，一次深潜看沙丁鱼风暴，两次浮潜看珊瑚、热带鱼群和鲸鲨。我生平第一次亲眼见到在电视里才得见的巨大的沙丁鱼群、成千上万条热带彩色鱼儿和庞大的鲸鲨。印象最深刻的是满身白色斑点的鲸鲨，它们身长10米左右，好似一条条游艇，却能自如惬意地在海中游弋。其中一条靠近我和身后的小船，然后突然转身，它的大尾巴朝我甩来，我赶紧躲闪，差点儿被拍到（听说另一条船的同伴儿有被尾巴“亲密接触”）。我追了上去，为了跟鲸鲨照几张合影。大家看我离船远了点儿，赶紧把我喊回来。说真的，我当时一点都不畏惧鲸鲨，感觉它完全忽视我们的存在，对我们没有一点儿威胁。除了潜水，令我难忘的还有“空中飞人”。我在三亚坐过一次穿过山野、坐着的飞人索道，但是没有这次刺激。这里的空中飞人是真的像鸟飞行的姿势，随着索道链条，穿越美丽的河谷上空。越过罗博河时，我还真有一丝畏高的恐惧，然后很快被风一般的感觉所代替。还有很多令人回味的地方，比如菲律宾的人热情、讲卫生、服务态度好、人也漂亮，还有我们与笑呵呵的持枪军警合影，还有超级美味的海鲜大餐，等等。这一切让我非常喜欢这个国家，回来后极力向朋友们推荐这个潜水胜地和热情美丽的国度。菲律宾，我还会再来的！

此次行程中，有一个来自北京林业大学的女大学生葛思卿，先后跟我去过亚马逊和东非大裂谷，她的《大海》一文，声情并茂，我放到文章的最后作为结尾：

2018年2月18日，跟着张教授再次出发，从北京前往菲律宾杜马盖地，旅途之遥远崎岖超乎了我的想象，8小时火车、8小时候机、4小时飞机、3小时转机、1小时飞机、2小时车程，经过了近两天时间经历了所有的这些才终于到了杜马盖地，但很兴奋，很难感觉到旅途的疲惫。

2018年2月20日，我和自己说，我爱这片海，这是我和菲律宾的海第一次见面，而我，相信一见钟情。旅行，能给我留下深刻印象的地方，一定是和我很有缘分的地方，能够影响我的地方。上一次感觉到有这么强烈的触动的地方，是站在坦桑尼亚的恩戈罗恩戈罗火山口上，也是和张教授一起，山脉绵延而壮美，那是我第一次觉得有个地方可以称之为浪漫。而菲律宾大海的颜色，应该可以称得上是最美丽的了。大自然是一位比世界上任何艺术家都要伟大的艺术大师。坐在去往墨宝潜水的船上，倚着扶手往下看，是用多少种颜料都调不出的蓝色。我太喜欢那个蓝色了。纯粹而晶莹剔透，那是真正的海蓝色呀，仿佛能够看到很深的海底，但我又不想用清澈来形容它，清澈是留给溪水河湖这种“小家碧玉”用的，而这是片宽广无垠的大海，这一片都是最美的蓝宝石，它是充满神秘的。好望角的惊涛，爱琴海的浪漫，每一片海都有着不一样的性格，就像是每一次旅行，都会遇到不同的人，迷上不同肤色的姑娘，经历从未经历过的事一样。我太喜欢那个蓝色了，而且船不是太晃，对我这种极易晕船的人来说，很适合欣赏。

2018年2月21日，抵达了薄荷岛以后的日子对我来说不是很好过。前所未有的水土不服让我几乎一点饭都不能吃，一点觉都没有睡，菲律宾当地特色螃蟹船以及各式各样的船都晃得七荤八素，每天还活着就觉得十分幸运，也因此成了全团拖后腿最严重者，给大家都添了很多麻烦。大家给了我很多药，询问我是否好转，弟弟帮我打饭回来，每天清晨，茉莉花未眠，觉得很幸运。

2018年2月22日，一大早就前往巴里卡萨岛浮潜，仍然是晕船十分严重的一天，只能保持一个低头认罪的姿势不能动，吃过晕船药以后稍微好了一点就坐在甲板边上唱《水手》了，坐在甲板边，总是想用脚尖去够到海面。快到巴里卡萨岛的时候在一片珊瑚礁区域上停下来下水浮潜。当地的船员拿着救生圈带着一组一组下去，穿着救生衣在海面上随着波浪的节奏晃结果更晕了，全程和难受作斗争，只好上船。脱了救生衣和浮潜用的气管，坐下来。我以为这份缘分到此为止了。我和这片大海的缘分就要在这种难受的感觉之下结束了吗？我不知道，我有点犹豫。船上实在太晕了，脱了救生衣和那根气管，我跳了下去。这一跳是我觉得这一趟最为值得的行动了。没有了救生衣牵得头晕，没有老是进水的气管，只有一个潜水镜、我自己和大海。一跳下去海水的沁凉就消散了全部的眩晕，自由的游动，我仿佛就是这个海的一部分，可爱的各式各样各种颜色的热带小鱼在身旁游来游去，时而靠近你，时而又飞快地离你而去，也有在珊瑚中间捉迷藏的，也有三五成群身上反着幽蓝的光的，珊瑚安静地随着波浪摆动，有的薄如蝉翼，像一个个簇拥的小水球，也有看上去很坚硬的，潜下去可以近距离地静静地观看它，周身纯净而美丽，造物主巧夺天工的手艺从不会让人失望，我仿佛就在它用心制作的城堡里欣赏它最为得意的一件件艺术品。潜下去一点，抬头向水面上看，一束束光线闪烁抖动，从水面上照进来全部集中到视线的中间，如同在电视上看到的那样，时间就像是被静止，我的生命是这么渺小而卑微，自然的力量又是这样的伟大而庄严，千百年来，它们就在这个地方，安静地见证着这个世界的成长和变化，沉淀着自己的力量和美。

我想起来了，我的心底藏着一个梦想，我想成为BBC《蓝色星球》纪录片的摄影师。我很喜欢这种什么都有着可能性的、可以做梦的日子。20岁的当口应该是人生中最美好又迷茫的时光了吧，未来的人生充满无限的可能，但又时时担心自己一事无成，时而畏手畏脚时而又无所畏惧、胸有成竹，不记得谁和我说过，羡慕我处在这个年纪，能做很多疯狂的梦，前面有着那样多的路等待着我去前进、去探索，而在这之后的人生像是只能有一种选择，无可奈何的周而复始。从小，我最喜欢的就是关于海洋的纪录片，这份喜爱和冲动就像是刻在DNA里似的，但是我很清楚客观条件并不允许我实现这样的梦想，然而不管选择了哪条路，大海都在召唤我。我觉得我能理解水手对海的向往，大海有一种感召力，它呼唤着一代又一代的人们启程去探索，远处的海平线，不知又会藏着怎样美丽而危险的惊喜。而我的惊喜呢？属于我的惊喜，又会在哪条路的前方？菲律宾真是一个太纯粹的地方了，阳光、植物、大海，站在这样的地方不由得在心底产生一种微妙的自责感。人类啊，多么贪婪，总想着看到更多、拥有更多，永不知疲倦和满足的追求和探索、侵占和掠夺，我们深入腹地，开发着自然更多的秘密，却并不确定自然是否真的欢迎我们，真的愿意向我们分享自己的秘密，更不能保证我们不会就这样伤害了它。这一次，我是大海的过客，我知道我不属于它，我永远无法融入其中，我知道自己会冒犯大自然宁静的时光，唯恐打搅了它深蓝色的梦，但是我还是总想潜入其中一窥究竟，多么自私啊这样的我。这让我想起了今天看的电影，今年的奥斯卡最佳影片得主《水形物语》，讲了贪婪的人类捕获海底的精灵，欲将其解剖研究，最后被与其相爱的一位人类女孩所救的故事。在最后，有这样一段诗：

Unable to perceive the shape of you

我不能感知你的轮廓

I find you all around me

你环绕在我的周身

Your presence fills my eyes with your love

你的出现让我眼中溢满爱的光辉

It humbles my heart

它使我内心谦逊

For you are everywhere.

因为你无处不在

面对自然，以及我们周身的一切，希望我们都能早日学会爱与被爱，希望这个世界走得再慢一些，再温柔一些，这样，这蓝色大海的传说，就可以再讲得久一点。